Ewald Weber

WELT AM ABGRUND

Ewald Weber

WELT AM ABGRUND

Wie CO_2 unser Leben verändert

WBG
Wissen *verbindet*

Die Herausgabe des Werkes wurde durch
die Vereinsmitglieder der WBG ermöglicht.
Lektorat: Alessandra Kreibaum
Satz: Anja Harms, Oberursel
Einbandgestaltung: Vogelsang Design, Jens Vogelsang, Aachen
Gedruckt auf säurefreiem und alterungsbeständigem Papier
Printed in Germany

Besuchen Sie uns im Internet: www.wbg-wissenverbindet.de

INHALTSVERZEICHNIS

ZU DIESEM BUCH

Warum ein Buch über Kohlendioxid und die Folgen des Klimawandels?

Kein Thema wird in der Öffentlichkeit so heftig und kontrovers diskutiert wie der Klimawandel und die damit verbundene Erderwärmung. Stein des Anstoßes ist die Rolle des Menschen bei der heutigen Klimaänderung. Viele Menschen können sich nicht vorstellen, dass wir in das irdische Klimasystem eingreifen. Sieht man sich die Leserkommentare in Diskussionsforen und Zeitungen an, bekommt man den Eindruck, die Existenz oder Nichtexistenz des Klimawandels sei eine Glaubensfrage geworden.

Die Schwierigkeit des Umgangs mit dem Thema liegt an zwei Dingen. Zum einen haben wir ein globales Problem – und damit auch einen globalen Handlungsbedarf. Da wird es für den Einzelnen schwierig, den Sinn seines Beitrages zu sehen. Zum andern ist der Klimawandel mit dem Ausstoß an Treibhausgasen verknüpft – allen voran dem Kohlendioxid. Dieses Gas ist das unangenehme Nebenprodukt unserer industrialisierten Welt und unserer Wirtschaft, die auf dem Verbrennen fossiler Energieträger beruhen, und das wir nicht so leicht loswerden können.

Durch die Arbeiten des Zwischenstaatlichen Ausschusses für Klimaänderungen (Intergovernmental Panel on Climate Change, IPCC) und unzähliger Wissenschaftler auf der ganzen Welt wissen wir, dass die heutige Klimaänderung durch den Menschen gefördert wird. Der immense Ausstoß an Treibhausgasen seit dem Beginn der Industrialisierung zeigt Wirkung.

Daher ein Buch über Kohlendioxid und die Folgen des Klimawandels. Ich möchte den Lesern das Gas näherbringen und zeigen, dass es nicht nur Treibhausgas ist, sondern mit dem Leben auf der Erde innig verbunden ist. Daher wirkt sich ein Anstieg in der Luft nicht nur auf das Klima aus, sondern auch direkt auf Lebewesen.

Der heutige Klimawandel bringt eine große Unruhe in das Wettergeschehen auf der Erde. Klimaforscher reden von einer Zunahme der Klimavariabilität, was eine Verstärkung bestehender Wetterereignisse bedeutet. Die Unterschiede werden stärker: lang anhaltende Trockenperioden auf der einen Seite, Starkniederschläge auf der anderen. Regionale Unterschiede und jahreszeitliche Schwankungen stimmen nicht mehr mit dem bisher Gewohnten überein. Die zunehmenden Extremwetterereignisse machen nicht nur uns Menschen zu schaffen, sondern auch der Natur.

Pflanzen und Tiere, ja ganze Lebensgemeinschaften spüren den Klimawandel und reagieren entsprechend. Der Einfluss des Klimawandels auf die Vorgänge in der Natur steht im Mittelpunkt dieses Buches. Auch die Frage, wie sich ein Ansteigen der atmosphärischen Konzentration an Kohlendioxid auf die Pflanzen auswirkt, ist für das Leben von größter Bedeutung. Wir werden sehen, dass die Veränderungen in der Natur nicht einfach eine Begleiterscheinung des sich ändernden Klimas sind, sondern dass diese auf uns zurückschlagen.

Ich danke allen Wissenschaftlern im In- und Ausland, die mir Auskunft gaben und auf relevante Literatur hinwiesen. Die Fachliteratur zum Thema globale Erwärmung und Klimawandel ist in den letzten paar Jahrzehnten unüberschaubar groß geworden. Tausende von Fachartikeln in Dutzenden von Fachzeitschriften – das kann unmöglich alles durchgesichtet werden. Ich bitte bei all denjenigen Forscherinnen und Forschern um Nachsehen, die eine wichtige Arbeit zum Thema veröffentlicht haben und die ich in dem Buch nicht berücksichtigen konnte.

Ferner danke ich Jens Seeling vom Verlag „WBG – Wissen verbindet“ für sein Interesse am Projekt und seine Unterstützung, nicht zuletzt für die Geduld. Alessandra Kreibaum und Fatoumata Diop danke ich für das Durchsehen des Manuskriptes.

Potsdam, im Oktober 2017
Ewald Weber

DIE VORGESCHICHTE

1. WAS IST KOHLENDIOXID?

Wenn mich ein Kind fragen würde, wie Kohlendioxid aussieht, hätte ich gewisse Schwierigkeiten, es zu beschreiben. Ich könnte das Ventil einer Druckflasche mit CO_2 öffnen, aber außer einem Zischen würden wir nichts vernehmen. Gase entziehen sich unserem direkten Zugriff. Ein Pulver oder eine Flüssigkeit kann ich betrachten, sie in die Hand nehmen, in ein Gefäß geben. Doch es ist nicht so einfach, Bekanntschaft mit dem postmodernen Corpus Delicti zu machen. Dennoch lohnt es, sich etwas näher mit diesem Stoff zu befassen, der so stark mit dem Klimawandel in Verbindung steht. Welche Eigenschaften hat er und wo kommt er überall vor?

Wenn Chemiker eine bestimmte Substanz beschreiben, geben sie den Aufbau des Moleküls an, aber auch Farbe, Siedepunkt und Schmelzpunkt. Sie benennen, ob die Substanz brennt oder nicht, ob sie für den Menschen giftig ist und ob der Stoff in Wasser oder anderen Flüssigkeiten löslich ist oder nicht. Das sind gleichsam die biometrischen Daten des Stoffes. In diesem Kapitel möchte ich Sie näher vertraut machen mit dem Stoff „Kohlendioxid“, auf seine Eigenschaften eingehen. Ein paar ungewöhnliche Eigenarten sind der Grund für die Bedeutung des Gases. Ein Gas, das in aller Munde ist, nicht nur, weil wir es mit jedem Atemzug ausstoßen. Im Bundestag wird über Kohlendioxid gesprochen, viele möchten es am liebsten verbannen. Noch mehr Menschen ist es möglicherweise ziemlich einerlei. Ein Gas, das mit dem Leben so innig verbunden ist wie Sauerstoff oder Wasser. Mehr noch, ohne Kohlendioxid könnten wir nicht existieren.

Steckbrief

Kohlendioxid ist ein farbloses und geruchloses Gas mit der chemischen Formel CO_2. Zum Glück ist das verruchte Gas geruch- und farblos, denn was wäre, wenn aus den Auspuffrohren anfahrender Autos giftgrüne

Wolken herausschössen? Oder wenn CO_2 einen beißenden Geruch hätte? Wir könnten nicht leben. Doch der Stoff ist chemisch gesehen ziemlich langweilig. Es ist eine reaktionsträge Verbindung, die kaum mit anderen Stoffen chemisch reagiert. Es brennt nicht und ist eine sehr beständige Verbindung, die sich erst bei hohen Temperaturen zersetzt. Es braucht schon um die 2500 °C dazu. Die chemische Formel zeigt, dass ein Molekül des Gases aus einem Atom Kohlenstoff (Carbonium oder C) und zwei Atomen Sauerstoff (Oxygenium oder O) besteht. Chemiker sind sich einig, dass die drei Atomkugeln linear angeordnet sind, mit dem Kohlenstoff in der Mitte. Kohlendioxid besteht also aus winzigen Perlenketten mit jeweils drei Perlen. Ein Molekül ist dabei kein starres Gebilde, es kann zittern und sich ein wenig verbiegen. Dadurch vermag es Energie aufzunehmen, was für die Klimawirksamkeit des Gases von größter Bedeutung ist. Doch davon später.

Ein ungewöhnlicher Stoff

Jeder anständige Stoff vermag die drei Aggregatzustände fest, flüssig und gasförmig einzunehmen, wenn die Bedingungen stimmen, also Temperatur und Druck. Wasser existiert auf unserem Planeten in allen drei Formen, was einmalig ist: gefrorenes Wasser in Gletschern und Eisschilden, flüssiges Wasser in den Ozeanen und Binnengewässern sowie Wasserdampf in der Luft. Bei normalem Luftdruck, wie er auf Meereshöhe gemessen wird, siedet Wasser bei 100 °C und wird bei 0 °C fest. Nimmt der Luftdruck ab, etwa in großer Höhe, siedet Wasser schon bei einer tieferen Temperatur. Bergsteiger, die am Mount Everest auf 6000 Meter Höhe ein Basislager aufschlagen und Tee kochen, brauchen das Wasser nicht auf 100 °C zu erhitzen, da kocht es bereits bei 80 °C.

Selbstverständlich kann auch Kohlendioxid flüssig oder fest werden. Allerdings verhält es sich im Vergleich zu Wasser ziemlich merkwürdig. Bei normalem Luftdruck, also dem Luftdruck auf Meereshöhe, lässt es sich nicht verflüssigen, auch wenn es noch so stark abgekühlt wird! Bei einer Temperatur von –78,5 °C wird es plötzlich fest – es geht direkt vom gasförmigen in den festen Zustand über. Das Produkt ist als Trockeneis oder Kohlensäureschnee bekannt: ein dampfendes weißes Zeug – CO_2 in seiner greifbarsten Form. Allerdings braucht es Handschuhe zum An-

Trockeneis ist gefrorenes Kohlendioxid. Nur in diesem Aggregatzustand ist es für uns sichtbar und anfassbar. Trockeneis findet viele technische Anwendungen.

fassen, sonst droht die Gefahr einer Kaltverbrennung. Das gefrorene Kohlendioxid geht an der Wärme wieder direkt in den gasförmigen Zustand über, es sublimiert. Der Dampf, den man dabei sieht, stammt vom Wasser der Luft, das durch die Kälte kondensiert und sich als winzige Tröpfchen bemerkbar macht.

Bei Normaldruck liegt Kohlendioxid bei –78,5 °C in fester Form vor. Diese Temperatur ist im Vergleich nicht so tief. Sauerstoff etwa wird erst bei –183 °C flüssig und bei –219 °C fest. In der Antarktis fällt das Thermometer in den Wintermonaten durchaus auf –40 bis –60 °C – oder noch tiefer. Im September 1983 haben Polarforscher in der Antarktis die bisher tiefste Temperatur der Erde gemessen: –89,2 °C. Fällt da das Kohlendioxid meines Atems als Kohlensäureschnee aus? Ich frage Louise Sime vom „British Antarctic Survey". Nein, meinte sie, das sei unwahrscheinlich. Der Luftdruck am Messort sei geringer als Normaldruck, es reiche also gerade nicht, um CO_2 fest werden zu lassen. Die Antarktis geht ziemlich in die Höhe, der höchste Punkt ist der Mount Vinson mit 5140 Metern. Weite Teile des Eiskontinentes liegen auf etwa 3000 Meter.

Zur Verflüssigung von CO_2 ist Druck notwendig, bei Raumtemperatur braucht es 60 bar, also einen 60-fachen Atmosphärendruck. Es ist eine glückliche Fügung, dass auf unserem Planeten gerade die richtigen Bedingungen herrschen, sodass Wasser größtenteils in flüssigem Zustand, aber auch als Wasserdampf in der Atmosphäre vorliegt, und Kohlendioxid gasförmig ist. Anders wäre Leben nicht möglich.

Im Wasser gelöst

Viele Gase können sich in Wasser auflösen, so wie Salz. Das klingt merkwürdig, denn wenn Sie in einem Schwimmbecken abtauchen und ausatmen, steigen die Luftblasen nach oben, statt sich aufzulösen und dabei immer kleiner zu werden, um dann ganz zu verschwinden. Aber nehmen Sie mal eine Sektflasche zur Hand und stellen Sie sie auf den Tisch. Die Flüssigkeit darin enthält gelöstes Kohlendioxid, aber Sie sehen keine Gasblasen im Sekt. Erst wenn durch das Öffnen Druck abgelassen wird, vereinen sich die gelösten Moleküle des CO_2 zu kleinen Bläschen, die aufsteigen und weitere Moleküle mit sich reißen, zu immer größeren Bläschen werden, um dann in einer schäumenden Fontäne aus der Flasche hervorzuschießen. Der Lösevorgang und die Menge an gelöstem Gas sind also druckabhängig, ebenso spielt die Temperatur eine Rolle. Es mag paradox klingen, aber in kaltem Wasser löst sich mehr Kohlendioxid als in warmem Wasser.

Auch Sauerstoff löst sich in Wasser. Nur wegen der Löslichkeit der beiden Gase in Wasser ist Leben in den Meeren und den Gewässern auf dem Land möglich! Andernfalls gäbe es keine Algen in den Meeren und untergetauchte Wasserpflanzen in den Seen, die CO_2 aufnehmen und die Nahrungsgrundlage für Tiere bilden. Wenn Sie eine Schale mit einem Liter reinen Wassers auf den Tisch stellen und nach einer Woche die Konzentrationen messen, würden Sie in etwa folgende Werte erhalten: Sauerstoff 9 Prozent und Kohlendioxid 0,5 Prozent.

Diese Überlegungen zeigen, dass die Lebewesen der Gewässer und Meere mit einer geringen Sauerstoffkonzentration auskommen müssen.

Da haben wir Landtiere es einfacher, denn Luft besteht zu 21 Prozent aus Sauerstoff. Weil sich in kaltem Wasser mehr löst als in warmem Wasser, sind tropische Meere sauerstoffärmer als die kalten Gewässer etwa des Nordatlantik. Das hat einen großen Einfluss auf das Leben in den Meeren und ist der Grund dafür, dass die kalten Gewässer in Polnähe so überaus voller Leben sind, was die Wale sehr genau wissen. Auch das Kohlendioxid ist in kaltem Wasser besser löslich als in warmem Wasser.

Kohlensaures Wasser und CO_2 als Landschaftsgestalter

Ein kleiner Teil des gelösten CO_2 geht eine chemische Reaktion mit dem Wasser ein und wird zu Kohlensäure. Oft wird das Gas „Kohlendioxid" selbst als Kohlensäure bezeichnet, was aber nicht korrekt ist. Erst in Verbindung mit Wasser wird es zu einer Säure. Die Kohlensäure ist instabil und zerfällt sehr leicht wieder. Nun besteht ein Gleichgewicht zwischen dem Anteil an Kohlendioxid, das gelöst ist, und dem Anteil, der mit dem Wasser reagiert. Dieses Gleichgewicht ist temperaturabhängig, weil sich je nach Temperatur viel oder wenig Kohlendioxid im Wasser löst. Bei Zimmertemperatur beträgt der Anteil an Kohlensäure im Wasser nur etwa 0,2 Prozent.

In der Natur kommt ihr eine ganz besondere Bedeutung zu, denn kohlensaures Wasser vermag Kalkstein aufzulösen. Sämtliche Karsterscheinungen – von Tropfsteinhöhlen bis zu Sinklöchern und Karrenfeldern – gehen auf die Kohlensäureverwitterung von Kalkstein und anderem Karbonat enthaltendem Gestein zurück. Ein langsamer Prozess, doch wie heißt es? Steter Tropfen höhlt den Stein. In den Regentropfen gelangt etwas Kohlensäure auf den Stein, es bilden sich feine Ritzen, die mit der Zeit ausgeweitet werden. Durch Wind und Wasser können dann riesige Höhlensysteme entstehen. In der Laichinger Tiefenhöhle können Besucher auf 55 Meter unter der Erdoberfläche absteigen und die Gänge und Schächte bewundern, die dank dem Kohlendioxid entstanden sind.

Der gelöste Kalk kann auch wieder ausgefällt werden, wenn sich etwa die Temperatur des Wassers ändert. So entstehen Tropfsteine, der Kalk kristallisiert gleichsam wieder aus. Dabei wird das CO_2 wieder freigesetzt. Kohlensaures Wasser vermag Gesteine umzuschichten, und bildet so bizarre Landschaften.

Wenn Kalk stark erhitzt wird, geht er in gebrannten Kalk über, dabei entsteht ebenfalls Kohlendioxid. Gebrannter Kalk ist ein wichtiger Ausgangsstoff für die Herstellung von Mörtel und Zement, daher gilt die Zementfabrikation als die zweitwichtigste Quelle menschengemachten Kohlendioxids.

Tropfsteinhöhlen verdanken ihre Existenz dem Kohlendioxid. Kohlensaures Regenwasser löst Kalkstein auf und ermöglich die weitere Erosion, sodass mit der Zeit eine bizarre Unterwelt entsteht.

Ein giftiger Schwergewichtler

Kohlendioxid ist schwerer als Luft. An schlecht belüfteten Orten, wo viel Kohlendioxid entsteht, sammelt sich das Gas daher auf dem Boden an und bildet eine gefährliche Schicht. Ein Versuch aus dem Physikunterricht zeigt das sehr anschaulich: Gibt man ein Stückchen Trockeneis in einen Glasbecher, in dem sich eine brennende Kerze befindet, füllt sich das Glas von unten mit Kohlendioxid auf und die Kerze erlischt, sobald der Kohlendioxidspiegel die Flamme erreicht. Sie können auch zwei Gläser nehmen, in einem befindet sich die brennende Kerze, im anderen das Stückchen Trockeneis. Ist dieses verdampft, lässt sich das Kohlendioxid in das Glas mit der Kerze gießen – wie eine unsichtbare Flüssigkeit – und nach kurzer Zeit erlischt die Flamme.

In Weinkellereien und überall dort, wo Vergärungen stattfinden, bilden sich erhebliche Mengen an Kohlendioxid. Bei der Traubenmostvergärung beispielsweise entstehen aus einem Liter Most etwa 50 Liter Kohlendioxid; bei tausend Litern sind dies beachtliche 50 Kubikmeter. Früher nahmen Weinbauern stets eine brennende Kerze mit, wenn sie in den Weinkeller stiegen. Brennt die Kerze in der Hand, ist genügend Sauerstoff vorhanden. Heutzutage messen Geräte kontinuierlich den Gehalt an Kohlendioxid in der Luft und schlagen beim Überschreiten der kritischen Konzentration Alarm.

Damit bin ich bei den physiologischen Eigenschaften des Gases. Für uns ist Kohlendioxid ein Abfallprodukt des Stoffwechsels, dessen wir uns entledigen müssen. Die Luft, die wir ausatmen, enthält 4 bis 5 Prozent CO_2, etwa 100-mal mehr als die eingeatmete Frischluft. In geringen Konzentrationen wirkt Kohlendioxid stimulierend auf unser Atemzentrum, die Atmung wird beschleunigt und vertieft.

Wie bei jeder anderen chemischen Verbindung auch, wirkt Kohlendioxid mit zunehmender Konzentration toxisch auf unseren Körper. Die Maximale Arbeitsplatzkonzentration (MAK) beträgt lediglich 0,5 Prozent. Das ist der Grenzwert für die höchstzulässige Konzentration, der Menschen über längere Zeit ausgesetzt sein dürfen. Die Deutsche Forschungsgemeinschaft führt eine Stoffliste mit etwa 550 Substanzen, für die ein MAK-Wert definiert worden ist.

Mit einem zunehmenden Gehalt an CO_2 in der Luft wird es bald

Konzentration in Volumenprozent	Auswirkungen und Symptome
0,04	Frischluft
0,1 bis 0,3	Hohe Werte in Büroräumen
0,5	Maximale Arbeitsplatzkonzentration
1,0	Zulässiger Höchstwert für Kurzzeitbelastung, löst Schläfrigkeit aus
3,0	Verstärkte Atmung, gesteigerte Herzfrequenz, erhöhter Blutdruck, vermindertes Hörvermögen, leichte Narkose
5,0	Kurzatmigkeit, Schwindel, Kopfschmerz, Verwirrung
8,0	Schwindelgefühl, getrübte Sicht, Zittern, Lähmungserscheinungen, Schwitzen, Durchblutungsänderungen im Gehirn, Ohnmacht. Tod innerhalb von 30 bis 60 Minuten
10,0	Krämpfe, Bewusstlosigkeit, rascher Tod
20,0	Tod in wenigen Sekunden

Symptome einer Vergiftung bei zunehmendem Gehalt an Kohlendioxid. Nach DFG (2017).

sehr unangenehm, wie die folgenden Symptome zeigen. Eine Kerze erlischt erst bei einer Konzentration von 10 bis 14 Prozent, also erst dann, wenn die Konzentration bereits kritische Werte überschritten hat.

In Weinkellereien, Futtersilos, Brunnen und Jauchegruben kommt es immer wieder zu Unfällen durch Kohlendioxidvergiftungen. Das Gefährliche dabei ist, dass Helfer beim Rettungsversuch selbst ohnmächtig werden. In solchen Situationen ist nur eine Rettung mit Atemschutzgeräten und Luft aus der Druckflasche möglich. Ich erinnere mich an einen Besuch einer Whiskyfabrik in Schottland. Die Maische in den großen Kupferkesseln produziert hochprozentiges Kohlendioxid, und der freundliche junge Mann, der uns Touristen herumgeführt hatte, öffnete eine der Luken, damit wir den schäumenden Brei sehen konnten. Er warnte uns aber davor, den Kopf nicht zu weit hineinzustecken und vor allem nicht zu atmen.

Bote zwischen belebter und unbelebter Natur

Dem Kohlendioxid gebührt eine ganz besondere Rolle: Es fungiert als Vermittler zwischen anorganischer und organischer Chemie, den beiden so unterschiedlichen Fachrichtungen der Stofflehre. Die organische Chemie befasst sich mit den Verbindungen des Lebens, und damit mit den unendlich vielen Varianten von Kohlenstoff enthaltenden Verbindungen wie Zucker, Stärke oder Vitamin C. Die organische Chemie kennt um die 46 Millionen verschiedene Verbindungen, die aus höchstens fünf chemischen Elementen bestehen: Kohlenstoff, Sauerstoff, Schwefel, Stickstoff und Wasserstoff. Kohlenstoff, Sauerstoff und Wasserstoff sind die häufigsten, und alleine die Vielfalt der Kohlenhydrate und Kohlenwasserstoffe, zu denen auch Benzin und Heizöl gehören, ist enorm.

Hier zeigt sich die Besonderheit des Kohlenstoffs: Es ist das einzige Element, das durch Einfach- und Mehrfachbindungen mit sich selbst Ketten oder Ringe von fast beliebiger Länge und Anordnung bilden kann. Dieser Eigenschaft verdanken wir Baumwolle genauso wie synthetische Textilfasern, alle Gegenstände aus Plastik und organischem Material. Beinahe täglich kreieren Chemiker in ihren Labors neue organische Moleküle, besonders in der Entwicklung neuer Medikamente und Kunststoffe. Riesenmoleküle wie die DNA wären ohne Kohlenstoff nicht möglich, diesem besonderen Bauklötzchen des Lebens.

In der anorganischen Chemie spielen alle Stoffe eine Rolle, die nicht zur organischen Chemie gehören: Salze, anorganische Säuren, Laugen, Metallkomplexe – und die vielen Mineralien. Etwa 100 000 chemische Verbindungen sind aus der anorganischen Chemie bekannt. Das sind sehr wenige im Vergleich zur organischen Chemie, dafür sind an deren Aufbau an die 90 Elemente beteiligt. Gesteine, Minerale, Wasser sind anorganischer Natur. Das CO_2 zählt ebenfalls dazu, doch kann es als Verbindungsglied zwischen diesen beiden Welten aufgefasst werden. Kohlendioxid entsteht durch Umwandlung organischer Verbindungen, wird aber auch von Lebewesen als Rohstoff für die Synthese organischer Stoffe benutzt. CO_2 entsteht zudem auch in der unbelebten Welt, gleichsam auf anorganischem Wege. Somit gesellt sich das Kohlendioxid zu ein paar wenigen einfachen Verbindungen, die für beide Reiche von Bedeutung sind und zwischen ihnen hin und her wechseln, genauso wie Wasser.

Wie viel Kohlendioxid haben wir?

Weil CO_2 sowohl Teil der belebten als auch der nicht belebten Natur ist, erstaunt es nicht, dass es allgegenwärtig ist. Es kommt als freies Gas in der Luft vor, als gelöstes Gas im Wasser, in chemisch gebundener Form in Gesteinen wie Kalkstein und in sämtlichen Lebewesen, ob lebendig oder tot. Es ist eingebunden in alle Lebensvorgänge. Das hat auch damit zu tun, dass Kohlendioxid ein Verbrennungsprodukt ist. Wenn reiner Kohlenstoff, etwa ein Diamant oder ein Stück Grafit, ins Feuer gehalten wird, verbrennt er vollständig und wandelt sich in CO_2 um. Chemisch gesehen ist der Vorgang eine Oxidation, eine Verbindung mit Sauerstoff.

Wie viel Kohlendioxid haben wir auf der Erde? Genau messen kann das niemand, aber Schätzungen über die Häufigkeit des Gases sind ziemlich aufschlussreich. Hier die Mengenangaben für die drei Sphären:

- Atmosphäre (Lufthülle): 2931 Gigatonnen
- Hydrosphäre (Ozeane und Binnengewässer): 139 000 Gigatonnen, meist als gelöstes CO_2
- Lithosphäre (Gesteine): 220 Millionen Gigatonnen, größtenteils chemisch gebunden

Kohlendioxid kommt also in der Luft, im Wasser, in den Gesteinen und zudem in der belebten Natur vor, entweder frei oder in gebundener Form. Die Mengenanteile sind sehr unterschiedlich, aber in jeder Hinsicht enorm. Eine Gigatonne sind eine Milliarde Tonnen, eine Tonne sind 1000 Kilogramm. Wer sich mit globalen Mengen und Stoffkreisläufen befasst, kommt um solch hohe Zahlen nicht herum. Ein Vergleich der drei Zahlen in der Aufstellung zeigt aber klar, dass der größte Teil des Kohlendioxids in Gesteinen chemisch gebunden vorliegt – und dass die Ozeane weitaus mehr CO_2 enthalten als unsere Atmosphäre. Das wiederum ist nicht so erstaunlich, schließlich leben wir auf einem Wasserplaneten.

In Prozent ausgedrückt, enthält unsere Lufthülle gerade einmal 0,001 Prozent, die Meere und Gewässer 0,063 Prozent und die Erdkruste etwa 99,9 Prozent des CO_2. Gesteine, in denen CO_2 chemisch gebunden ist, bestehen aus Karbonaten. Bekanntester Vertreter ist Kalkstein, der aus Kalziumkarbonat besteht. Die chemische Formel lautet $CaCO_3$ und daraus wird schon ersichtlich, dass sich CO_2 darin versteckt. Kalk ist ein Sedimentgestein, das zum größten Teil biologischen Ursprunges ist. Es sind zahlreiche Organismen, die zur Bildung von Kalkstein beitragen: Korallen, Gehäuse bildende Schnecken und Muscheln, Schwämme und verschiedene Mikroorganismen. Sie bauen aus Kalk ein Gehäuse oder einen Stützapparat. Auch die Eierschalen der Vögel bestehen aus Kalk.

Kalkstein liegt in verschiedenen Formen vor und wird in der Erdkruste bei hohen Temperaturen und hohem Druck in Marmor verwandelt. Ja, in den prächtigen Statuen, die der italienische Maler und Bildhauer Michelangelo aus Marmor geschaffen hat, ist Kohlendioxid gebunden – denken Sie daran, wenn Sie das nächste Mal Rom besuchen!

Die Entdeckung des CO_2

Gasförmige Verbindungen sind in der Geschichte der Chemie erst spät erforscht worden. Das gilt auch für Kohlendioxid und die anderen Bestandteile der Atmosphäre. Feste und flüssige Stoffe sind greifbarer als Gase, man kann sie einer Flasche entnehmen, abwiegen, in Glaskolben füllen und mit anderen Verbindungen reagieren lassen. Das Arbeiten mit Gasen – unsichtbar und meistens auch geruchlos – ist etwas schwieriger. Wegen der Unwissenheit über die wahre Natur gasförmiger Stoffe galt

Luft lange Zeit als einheitlicher Stoff. Das änderte sich erst mit der Entdeckung von Sauerstoff und Stickstoff als Hauptbestandteile der Luft.

Einer der Ersten, der unwissentlich mit Kohlendioxid experimentierte, war Johann Baptist van Helmont (1577–1644), Physiker und Alchemist in Brüssel. Er untersuchte Kohlendioxid, das er „Spiritus sylvestre“ nannte, ohne die chemische Zusammensetzung der Verbindung zu kennen. Das konnte er gar nicht, denn das chemische Element Kohlenstoff (Carbonium, C) war zur damaligen Zeit noch nicht bekannt. Van Helmont bemerkte, dass das Gewicht von Holzkohle abnahm, wenn er sie verbrannte. Die Menge der übrig bleibenden Asche wog weniger als die Holzkohle. Daraus zog er den Schluss, dass sich der Rest der Holzkohle in eine unsichtbare Substanz verwandelt hatte. Ferner wies er nach, dass dieses Gas bei der Gärung, bei der Verbrennung von Kohle und beim Erhitzen von Kalkstein entsteht sowie aus Pottasche (Kaliumkarbonat) bei Hinzufügen von Salzsäure. Die damaligen Forscher beobachteten auch, dass sich die Qualität der Luft während diesen Vorgängen änderte.

Kohlendioxid als Bestandteil der Luft hat erstmals der schottische Chemiker Joseph Black (1728–1799) dargestellt. Er experimentierte viel mit Verbrennungsvorgängen und dem daraus resultierenden Gas, das sich anders verhielt als normale Luft. Er zeigte, dass Lebewesen in diesem Gas nicht existieren konnten, und dass ein Feuer sich darin nicht halten kann. Der französische Chemiker Antoine Laurent de Lavoisier (1743–1794) stellte fest, dass dieses Gas Kalkwasser trüben kann: ein Nachweis für Kohlendioxid. Er entdeckte auch den Sauerstoff als denjenigen Teil der Luft, der bei einer Verbrennung eine Rolle spielt.

2. DAS CO_2, DAS AUS DER TIEFE KOMMT

Der Ätna auf Sizilien ist mit etwa 3300 Meter Höhe Europas höchster Vulkan und seit Jahrhunderten immer wieder aktiv. Der letzte Ausbruch fand am 27. Februar 2017 statt.

Aktiven Vulkanen zuzusehen, ist unheimlich und faszinierend zugleich. Glühende Lavaströme fließen langsam den Hang hinunter, um sich unter lautem Zischen und Brodeln ins Meer zu ergießen, begleitet von Rauch und Wasserdampf. Lavafontänen werden Dutzende von Metern hoch ausgeschleudert. Manche Vulkane stoßen Aschewolken gigantischen Ausmaßes in die Luft, begleitet von Tausenden von Gesteinsbrocken – ein jeder ein Geschoss, das in hohem Bogen auf die Erde saust. Und die Töne! Ein schwer zu beschreibendes Gemisch von Fauchen, Zischen, Prasseln, dem Geräusch einer fahrenden Dampflokomotive und dem Knallen von Feuerwerkskörpern. Andere Vulkane sind ruhig, in ihrem Krater hält sich ein Lavasee, geschmolzenes Gestein, das an der Oberfläche erstarrt, um wieder aufzureißen und seinen orangeroten Inhalt zu offenbaren. Auch die Gesteine, die Vulkane an den Tag fördern, sind eindrücklich und reichen vom hellen und federleichten Bimsstein bis zu tiefschwarzem Basalt.

Vulkane sind nur eine Erscheinung des Vulkanismus, aber zweifelsohne die spektakulärste und auch die gefährlichste. Die Annehmlichkeit, in Island im Freien ein heißes Bad nehmen zu können, hat ebenso mit Vulkanismus zu tun wie die Geysire im Yellowstone Nationalpark in den USA oder die Schwarzen Raucher der Tiefsee. Vielfältig präsentiert sich diese geologische Begleiterscheinung von Vorgängen, die sich tief unter unseren Füßen abspielen. Gase wie Kohlendioxid spielen dabei eine zentrale Rolle.

Überdruckventile des Erdinnern

Unser Planet hat etwa 485 aktive Vulkane über Land und etwa 80 unter der Meeresoberfläche, dazu kommen noch viel mehr Erloschene und solche, die in Scheinruhe verharren. Vulkane sind nicht gleichmäßig über die Erdoberfläche verteilt, sondern konzentrieren sich auf Zonen, wo gewaltige Kräfte am Werk sind: Da, wo Kontinentalplatten aneinanderstoßen, kracht es manchmal. Erdbeben und Vulkane sind die Folge. Es ist kein Zufall, dass die Verteilungen von Erdbebengebieten und aktivem Vulkanismus nahezu identisch sind. Der Feuerring zieht sich am Rand des Pazifiks entlang; auf ihm haben sich etwa zwei Drittel aller Vulkanausbrüche während der letzten 10 000 Jahre ereignet.

Grund für alle vulkanischen Erscheinungen sind Magmakammern, die in 10 bis 20 Kilometer Tiefe liegen. Es sind Ansammlungen geschmolzenen Gesteins, das nach oben drückt, wenn sich eine Gelegenheit dazu bietet. Unter Island hält sich eine riesige Magmablase, die über 400 Kilometer in die Tiefe reicht. Der Yellowstone Nationalpark in den USA ist bekannt für seine vielen Geysire und Schlammtöpfe. Auch unter dem Yellowstone ruht ein Supervulkan, eine riesige Ansammlung von Magma. Wenn diese durchdrückt, ist es um das Naturwunder und das Umland geschehen.

In älteren Büchern steht noch, dass Magma aus dem Erdinneren, wo ständig eine Schmelze vorliegt, durch Schlote zur Erdoberfläche dringt. Doch heute sind sich die Vulkanologen einig, dass dies nicht der Fall ist. Vielmehr entsteht Magma durch lokales Schmelzen der Gesteinsschichten des oberen Erdmantels. Übrigens, der Unterschied zwischen Magma und Lava ist ganz einfach: Sobald die Gesteinsschmelze an die Oberfläche tritt, nennt man sie Lava. Sie kühlt aus, erstarrt und wird zu Gestein.

Vulkanausbrüche führen uns wie kein anderes Phänomen vor Augen, dass in der Tiefe des Erdmantels andere Bedingungen herrschen. Die Erde ist wie eine Zwiebel aufgebaut: verschiedene Schalen, die sich in der Zusammensetzung und der Temperatur stark voneinander unterscheiden. Die Erdkruste mit festem Gestein ist dabei eine hauchdünne Schicht. Im Gebirge kann sie eine Mächtigkeit von etwa 80 Kilometer erreichen, in den Ozeanen ist sie aber nur 5 bis 7 Kilometer dick. Darunter ändert sich die Konsistenz des Gesteins. Druck und große Hitze lassen das Gestein teilweise schmelzen und es entsteht eine dicke und zähflüssige Schicht, die dazu führt, dass sich Kontinentalplatten verschieben.

Was Vulkane alles bieten

Vulkane setzen ganz unterschiedliche Materialien frei: Magma ist eine Komponente, Asche und magmatische Gase sind andere. Und: In dem rot glühenden Brei unter der Erdkruste sind Gase gelöst. Wenn Vulkane explosionsartige Eruptionen an den Tag legen, dann wegen dem ungeheuren Druck der Gase, der auf die Gesteine drückt und sie schließlich wegsprengt. Der Ausbruch des Mount St. Helens im Jahr 1980 im Westen der USA war ein Schulbeispiel. Wieder einmal soll meine Sektflasche als Vergleich herhalten. Wenn Sie eine Sektflasche rasch entkorken, wird ein

Gemisch von Flüssigkeit und Gasblasen wie eine Fontäne aus der Flasche spritzen. Etwas Ähnliches geschieht, wenn Magma aus dem Erdinneren an die Oberfläche gelangt. Das Magma steht nicht mehr unter dem enormen Gesteinsdruck, wodurch die Gase in dem flüssigen Magma ausperlen und sich ausdehnen. Das macht das Ausschleudern des Magmas so gefährlich. Wenn zum Beispiel ein Kubikmeter glühend heißes Magma aus der Magmakammer nach oben drückt und das Magma 5 Prozent Wasser enthält, wird sich das Gemisch auf ein Volumen von sage und schreibe 670 Kubikmeter ausdehnen.

Vulkanologen, die in Kratern herumstapfen und Proben von den irdischen Ausgasungen sammeln, stellen bei der Analyse große Unterschiede in der Zusammensetzung fest. Mal herrschen Wasserdampf und schwefelhaltige Verbindungen vor, mal Kohlendioxid. Wenn aktive Vulkane Gase ausblasen, können die Mengen enorm sein. Der Ätna in Italien pustet schätzungsweise jeden Tag 35 000 Tonnen CO_2 aus, wobei dies der Mittelwert einer längeren Beobachtungsperiode ist. Messungen haben auch schon mal über 100 000 Tonnen ergeben. Aha, werden Sie jetzt gleich bemerken, das sind ja riesige Mengen, die da ganz natürlich freigesetzt werden, und niemand verbietet dies dem Ätna. Was also soll mich der CO_2-Ausstoß meines Autos kümmern? Geduld, liebe Leser, auf diese Frage werde ich noch ausführlich zu sprechen kommen. Vorerst möchte ich beim Vulkanismus verweilen.

Leise rieselt das CO_2

Die Gegend am Mammoth Mountain, Kalifornien, ist wild und betörend. Einsame Wälder aus majestätischen Fichten, in denen Bären leben, zwischendrin kleinere Seen mit kristallklarem Wasser, und immer wieder der Blick auf den Vulkan. Er ist ein junger Vulkan, etwa 200 000 Jahre alt, doch die ganze Gegend ist seit 4 Millionen Jahren vulkanisch aktiv, und die Erde bebt hier des Öfteren.

Am Horseshoe Lake und an ein paar anderen Stellen in der Umgebung des Mammoth Mountain stimmt mit der Idylle etwas nicht. Die Bäume sind braun und abgestorben statt grün und frisch. Ein Stück toter Wald, aber nicht infolge eines Schädlingsausbruchs, sondern erstickt von Kohlendioxid, das überall aus dem Boden tritt. 1989 gab es hier größere

Erdstöße. Im Folgejahr staunten die Menschen nicht schlecht, dass die stattlichen Nadelbäume einer nach dem anderen verdorrten. Wissenschaftler des US Geological Service untersuchten den Boden und stellten eine massive Menge an CO_2 fest, die da austritt. Alles in allem sind es über 250 Tonnen täglich. Wenn Ihr Auto einen CO_2-Ausstoß von 125 Gramm pro Kilometer hat, müssten Sie eine Strecke von 2 Millionen Kilometern zurücklegen, um auf diese Menge zu kommen. Aber wie gesagt, die Sache ist nicht so einfach, wie es den Anschein macht.

Nun ist es zwar so, dass Pflanzen Kohlendioxid aufnehmen und mithilfe von Sonnenlicht in Zucker verwandeln – das wird uns im nächsten Kapitel beschäftigen. Doch Pflanzen benötigen Sauerstoff ebenso wie tierische Organismen. Vor allem die Wurzeln nehmen Sauerstoff auf. Der Boden ist ein lockeres Gefüge, zwischen den Bodenkrümeln gibt es reichlich Luft, von der auch die vielen Bodenbewohner leben. Doch am Horseshoe Lake enthielt die Bodenluft 20 bis 95 Prozent Kohlendioxid. Das Wurzelwerk der Bäume und aller anderen Pflanzen versagte. Die Lebewesen des Bodens sind allesamt erstickt.

Das Betreten solcher Stellen kann durchaus gefährlich sein. Denn das CO_2 ist schwerer als Luft und sammelt sich in Bodensenken an. Im Winter wird es durch die dicke Schneeschicht eingefangen. Da empfiehlt es sich nicht, über dem kohlendioxidgeschwängerten Boden eine Schneehöhle zu bauen und zu übernachten.

Die kleineren Erdbeben während 1989 haben wohl zu Verschiebungen und zu Rissen im Gestein geführt, sodass die Gase des Magmas darunter nach oben gelangten. Tatsächlich entweichen magmatische Gase nicht nur durch die Schlote von Vulkanen, sondern an zahlreichen Stellen, wo die Gesteine im Untergrund undicht sind. Eine häufige Erscheinung vulkanischer Felder sind Mofetten, Austrittspunkte von Kohlendioxid. Mofetten sind sichtbare Austrittslöcher, gleichsam Poren der Erdkruste – während im oben beschriebenen Wald das CO_2 von unten den ganzen Boden durchsetzt hat. Mofetten sind kalte Blaslöcher, die Temperatur der austretenden Gase liegt unter 100 °C. Sie haben nichts mit Geysiren oder Schlammtöpfen zu tun, denn in diesen tritt erhitztes Grundwasser zum Vorschein. Liegen Mofetten in einer Senke in der Landschaft, können sie zu einer tödlichen Falle werden. Manche Mofetten entlassen trockenes

Kohlendioxid, still und leise, ohne begleitende Wasserdampfwolken. Man sieht nichts, hört nichts, wenn Sie aber ein brennendes Holzscheit an den Austrittspunkt halten, erlischt die Flamme.

Auch in Deutschland gibt es aktive Mofetten. So blubbert es am östlichen Ufer des Laacher Sees in der Eifel ununterbrochen. Die Gasblasen, die da aufsteigen, sind nichts anderes als CO_2, das aus der Tiefe kommt. Der Laacher See entstand als Kratersee infolge eines Vulkanausbruches vor 12 900 Jahren. Das war ein gigantischer Ausbruch, vergleichbar mit der Eruption des Pinatubo im Jahr 1991. Der Vulkan ist verschwunden, doch seine ausgeworfenen Gesteine reichen bis nach Dänemark.

Der Springbrunnen im Vulkansee

Manche vulkanische Kraterseen zeichnen sich durch eine besonders hohe Menge an Kohlendioxid aus, weil sehr viel von dem Gas am Grund austritt und sich im Wasser löst. Weltweit kennt man drei Seen, deren Wasser mit Kohlendioxid gesättigt sind: der Nyossee und der Manounsee in Kamerun sowie der Kiwusee in Ruanda. Es ist kein Zufall, dass diese drei Seen in Afrika liegen. Diese Gebiete sind seit Millionen Jahren vulkanisch aktiv, eine Folge der Plattentektonik und der Bildung eines riesigen Grabenbruches in Afrika. Das Kohlendioxid stammt aus einer Magmakammer unter dem Gebiet und steigt durch den Seeboden nach oben. Man schätzt, dass sich jährlich 90 000 Tonnen Kohlendioxid im Seewasser lösen. Dies ist die jährliche Zufuhr. Wie groß die Menge ist, die sich im See befindet, weiß man nicht.

Eine solche Situation kann nur in den Tropen entstehen. So ist es nicht erstaunlich, dass alle drei Seen in der Nähe des Äquators liegen. In der temperaten Zone mit seinen kalten und warmen Jahreszeiten werden die Wasserschichten umgewälzt: Im Winter wird es an der Oberfläche kalt und das Wasser wird schwerer, wodurch es absinkt. Das löst eine Durchmischung aus und gelöstes CO_2 würde sich verflüchtigen. In den Tropen aber, wo es keine kalte Jahreszeit gibt, kommt es nicht zu einer solchen Vermischung. Die Wasserschichten bleiben stabil übereinander gelagert. Dadurch kann sich in der Tiefe Kohlendioxid bis zu seiner maximalen Konzentration ansammeln.

Der Nyossee in Afrika, ein vulkanischer Kratersee, dessen Wasser eine hohe Menge an Kohlendioxid enthält.

Solche Seen sind eine Zeitbombe, denn Störungen wie Erdrutsche oder kleinere vulkanische Erschütterungen können dazu führen, dass die mit Kohlendioxid übersättigten Wasserschichten plötzlich ausgasen. Dann werden mit einem Male riesige Mengen an Kohlendioxid freigesetzt, eine tödliche Entladung. So geschehen im Nyossee am 21. August 1986. Ein Grollen wie bei einem Donner kündigte die Katastrophe an: Der See wurde erschüttert und setzte schlagartig rund 1,6 Millionen Tonnen Kohlendioxid frei. Ein Entkommen war unmöglich, denn die enorme Gaswolke erstickte Mensch und Tier innerhalb kürzester Zeit. Etwa 1700 Menschen und Tausende von Tieren verloren ihr Leben. Die tödliche Gasglocke reichte bis in eine Entfernung von 27 Kilometern und strömte in zwei nahe gelegene Täler. Was das Ereignis auslöste, ist nicht bekannt, vermutet wird ein Erdrutsch oder ein kleiner Vulkanausbruch.

Der Nyossee ist ein fast kreisrunder See, der sich vor etwa 400 Jahren in einem Explosionskrater gebildet hat. Der See ist etwa 1800 Meter breit und 200 Meter tief. Da solche Kohlendioxid-Entladungen immer wieder entstehen können, ist man bemüht, den See künstlich ausgasen zu lassen. Ein Team von Geologen hat von einer kleinen Plattform aus eine Plastikröhre von etwa 30 Zentimeter Durchmesser senkrecht abgesenkt – 200 Meter tief bis in die untersten Wasserschichten. Sie pumpten das Wasser anfänglich nach oben, um die Entgasung einzuleiten. Beim Aufsteigen nimmt der Druck ab, sodass sich Blasen bilden und das Kohlendioxid ausperlt. Ist dieser Vorgang einmal in Gang gesetzt, läuft er ohne weiteres Zutun von selbst ab, und der See sprudelt sein Gas langsam aus. Aus der Röhre schießt nun eine 50 Meter hohe Fontäne aus Blasen und Wasser in die Höhe, ein Springbrunnen wie vor der Stadt Genf.

In sicherer Distanz zum Ufer des Sees stehen Klapptische voller Instrumente und Computer. Die langen Funkantennen zeigen, dass alle Ventile und Messinstrumente des Rohres via Funk bedient werden. Aus Sicherheitsgründen stehen Sauerstoffflaschen mitsamt Atemmasken bereit. Zwei der Wissenschaftler beobachten mit Fernrohren gespannt die Plattform.

Ungewöhnliche Methoden rufen stets Skeptiker auf den Plan. Es sei zu befürchten, dass das Installieren der Anlage eine Gasentladung auslösen könne, meinten Kritiker des Projektes. Unsinn, entgegnet Michel Halbwachs, Mitglied der wissenschaftlichen Projektleitung und Physiker an der Université de Savoie in Chambery, Frankreich. Es hätte genauso gut zwischenzeitlich eine Entladung geben können, hätten sie die Konzentration an Kohlendioxid nicht abgesenkt. So zieren nun Springbrunnen diese Seen und die eindrücklichen Fontänen weisen den Nichtsahnenden nicht darauf hin, dass sie der Bändigung einer tödlichen Gefahr dienen.

Auch der Manounsee wird auf diese Weise entgast. Ein erstes Rohr wurde 2003 installiert, inzwischen sind es drei. Wenn alles nach Plan verläuft, gibt es in ein paar Jahren kein Kohlendioxid mehr am Grunde dieses Sees. Auch auf dem Ozeanboden kann Kohlendioxid austreten. Je nach Lage und Tiefe geschieht dabei Merkwürdiges mit dem Gas.

Eine Lache aus CO_2

Zwischen Japan und Taiwan, nahe den Ryukyu-Inseln, liegt der Ryukyu-Tiefseegraben, der auf 7500 Meter Tiefe reicht. Eine geologisch aktive Gegend, denn hier spielt sich ein Vorgang ab, den Geologen als Subduktion bezeichnen. Der nüchterne Begriff verrät nichts über die gewaltigen Kräfte, die am Werk sind und das Antlitz der Erde langsam, aber stetig verändern. Hier schiebt sich die Pazifische Platte unter die Eurasiatische Platte und lässt Vulkane und Hydrothermalfelder entstehen. Die Pazifische Platte knickt steil nach unten ab, eine Begleiterscheinung ist der Tiefseegraben. Unvorstellbar, dass eine steinharte Erdkruste sich einfach so biegen kann wie ein Gummiband auf einer Rolle. Aber Gestein ist verformbar: Es braucht den entsprechenden Druck und vor allem sehr viel Zeit. In den Alpen wird jeder Wanderer Zeuge von dieser Verformbarkeit, wenn er aufgefaltete oder aufgerichtete Gesteinsschichten sieht.

In der Nähe des Tiefseegrabens liegt ein Hydrothermalfeld, das von Meeresforschern regelmäßig aufgesucht wird. Vergleichbar mit einem vulkanisch aktiven Gebiet auf dem Lande treten auch in einem Hydrothermalfeld Kohlendioxid und andere magmatische Gase aus. Das ist nichts Außergewöhnliches, aber durch den enormen Druck des Wassers in 1400 Meter Tiefe kann das Gas nicht in Blasen aufsteigen, sondern wird in flüssiger Form gehalten. Es bildet sich ein See aus flüssigem Kohlendioxid. Das Kohlendioxid ist in dem See gefangen, denn hier unten gibt es keine Kräfte, die das Wasser verwirbeln und durchmischen.

Nur ein starkes Erdbeben könnte veranlassen, das sich dieses Kohlendioxid mit einem Mal nach oben bewegt – dann käme es zu einer gigantischen Gasentladung katastrophalen Ausmaßes.

Niemand weiß, ob das je geschehen wird. Auch ob es zu einem Ausbruch im Yellowstone Nationalpark kommt, steht in den Sternen geschrieben. Wir leben auf einem vulkanischen Pulverfass.

Erdgeschichte in drei Absätzen

Wie aber kommen Wasser und das CO_2 überhaupt ins Erdinnere? Um das zu verstehen, brauchen Sie nur die letzten 4,5 Milliarden Jahre Revue passieren zu lassen. Ich wage hier den Versuch, die Erdgeschichte in ein paar wenigen Abschnitten zu skizzieren.

Aller Anfang ist der Urknall, der unvorstellbare Schlag, mit dem aus nichts alles entstanden sein soll - die gesamte Materie des Universums. „nichts“ ist nicht ganz richtig, denn seit Aristoteles ist bekannt, dass aus nichts nicht etwas entstehen kann. Daher soll vor dem Urknall die gesamte Materie schon vorhanden gewesen sein, allerdings in unfassbarer Form: unendlich verdichtet, mit unendlich hoher Temperatur und konzentriert in einem unendlich kleinen Punkt. Aus dieser kosmischen Singularität, wie Astrophysiker den Punkt bezeichnen, entstanden Raum, Zeit und alle Himmelskörper. Die Galaxien und die Sterne fliegen uns davon, und dieses Davonfliegen muss von der überirdischen Explosion zeugen, die der Urknall auslöste. Unmittelbar nach dem Urknall herrschte immer noch eine Temperatur mit einer astronomischen Anzahl Grad Celsius. Doch die Materie begann sich abzukühlen, es entstanden kosmische Gas- und Staubwolken und die Elemente - zunächst nur die leichten wie Wasserstoff und Helium, später auch schwerere. Aus den Materiewolken entstanden Sterne und Planeten. In den Staubwolken schwebten kleine Partikel aus Silikaten, Eisenmineralen und Karbonaten. Sie waren der Grundstoff der inneren Planeten unseres Sonnensystems: Merkur, Venus, Erde und Mars.

Eigentlich ist unser Planet aus interstellarem Schrott entstanden, denn diese kleinen Partikel ballten sich zusammen, wurden zu kleinen Kugeln, in die sich weitere Partikel verfingen und die Kugeln größer und größer werden ließen. Das ständige Bombardement durch die auftreffenden kleineren Teile machte die Urerde heiß, denn die Aufschlagenergie wandelte sich in Wärme um. Der junge Planet war von einem Magma-Ozean bedeckt. Ein Sterngucker auf dem Mars hätte diesen Planeten als rot glühenden Feuerball wohl leicht erkennen können.

In der glühenden Magmakugel kam es zu Umwälzungen und Umlagerungen der Materie: Die schwereren Elemente sanken in die Tiefe, während die leichteren sich an der Oberfläche ansammelten. Die Ingredienzien der Gesteinssuppe waren nicht nur mineralische Verbindungen, sondern eben auch Verbindungen wie Wasser, Kohlendioxid und andere Gase, die in der Schmelze gelöst waren. Als die Erde kalt genug war, um wenigstens an der Oberfläche zu erstarren, muss sie für einen Beobachter ein gänzlich neues Bild dargestellt haben: nicht mehr ein rot glühender Feuerball, sondern ein dunkler, aber Feuer speiender Himmelskörper. Ab dieser Phase kann Magma nur noch durch gewisse Stellen an die Erdoberfläche gelangen – und damit auch die in ihr befindlichen Gase oder flüchtigen Verbindungen.

Der Vulkanismus in all seinen Erscheinungsformen zeigt, dass Kohlendioxid die Unterwelt mit der Oberwelt verbindet. Er ist der Grund, dass das Gas von der Erdkruste bis zur Tiefsee und in den höchsten Höhen unserer Lufthülle vorkommt. Der Kohlenstoff des Gases zeigt dabei eine außergewöhnliche Dynamik und wechselt ständig seinen Aufenthaltsort.

3. WARUM SICH DER KOHLENSTOFF IM KREIS DREHT

Wenn ich ausatme, enthält mein Atem rund 4 Prozent Kohlendioxid. Das ist 100-mal mehr als in frischer Luft – eine gewaltige Anreicherung. Es ist frisch gebildetes Kohlendioxid, in meinem Körper entstanden und als Abfallprodukt des Stoffwechsels entsorgt. Entstanden ist es durch die Energiegewinnung in meinen Zellen, durch das Aufschließen der Nahrung und das chemische Verbrennen der Kohlenhydrate.

Es wäre spannend, sich an die Fersen eines der CO_2-Moleküle zu heften und es zu verfolgen. Es schwirrt in der Luft herum und geht auf eine Reise mit unbestimmtem Ziel. Vielleicht wird es vom Wind fortgetragen und steigt bis in die höchsten Höhen der Atmosphäre. Dort verweilt es vielleicht ein paar Wochen, vielleicht auch ein paar Jahrhunderte. Möglich, dass es dabei weit herumkommt. Vielleicht wird es flugs nach Afrika verfrachtet, von den Winden in den Regenwald gebracht und dort vom Blatt eines Baumes verschluckt. Dann ist es um das Molekül geschehen, es beendet seine Existenz. Zusammen mit Wasser baut der Baum es in ein Zuckermolekül ein. Das Kohlenstoffatom und die beiden Sauerstoffatome haben nun neue Nachbarn und sind Teil eines viel größeren Moleküls geworden. Dasselbe könnte aber auch ganz in meiner Nähe geschehen, vielleicht nimmt das Blatt eines Johannisbeerstrauches mein Molekül auf und verwendet es für den Fruchtzucker in einer Beere. Wenn dann eine freche Amsel an den Beeren nascht und das Fruchtfleisch verdaut, wird aus dem Kohlenstoffatom meines ursprünglichen CO_2-Moleküls wieder ein neues, das den Schnabel verlässt und wiederum in der Luft umherfliegt.

Oder meinem Molekül widerfährt ein anderes Schicksal und es klatscht auf dem Indischen Ozean auf, wo es in Lösung geht und von einer Alge aufgenommen wird. Es kann auch sein, dass das Teilchen in die

Nadel einer Kiefer am Rande eines Moors gelangt, in das Holz eines Astes eingebaut wird, der dann abbricht und im Moor landet. Dort versinkt er und bleibt Tausende von Jahren erhalten, eine pflanzliche Moorleiche. Dann sagen Biologen, dass Kohlendioxid in der toten Biomasse gespeichert ist. Das Wort gespeichert ist nicht wörtlich zu verstehen, denn im Holz befinden sich keine Kammern mit Kohlendioxid. Gemeint ist, dass der Kohlenstoff und der Sauerstoff des Moleküls in neue Moleküle eingebaut worden sind. Wenn der Kohlenstoff meines CO_2-Teilchens im Holz steckt und das Holz nicht verbrannt wird, ist es dem Kreislauf entzogen. Darin besteht die Bedeutung der Kohlenstoffspeicher wie Bäume und Hochmoore. Auch ein Hochmoor speichert aufgenommenes Kohlendioxid in der Biomasse der Torfmoose, die sich in der Tiefe nicht zersetzen: Der Kohlenstoff bleibt erhalten.

Die grünen Fabriken

Meine Ausführungen oben machen klar, dass der Kohlenstoff im Zentrum steht. Alles dreht sich um den Kohlenstoff. CO_2 ist nur ein Medium, das den Kohlenstoff in die Luft bringt und von einem Ort zum anderen transportiert. Es entsteht laufend neu und wird laufend verbraucht. Es existieren also CO_2-Quellen und CO_2-Senken. Die wichtigste Senke ist die Gesamtheit des pflanzlichen Lebens.

Der geheimnisvolle Vorgang der Fotosynthese oder Assimilation ist einer der kompliziertesten biochemischen Vorgänge, die das Leben entwickelt hat, und gleichzeitig einer der erstaunlichsten. Für mich gehört er zu den größten Wundern der Natur: Da wird mithilfe von Sonnenenergie aus den zwei Zutaten Wasser und Kohlendioxid Zucker gekocht – ein Vorgang, den unsere Technik bislang noch nicht kopieren konnte. Ort des Geschehens ist das Blattgrün der Pflanzen und Algen. In den Zellen von Blättern gibt es große grüne Gebilde, die Blattgrünkörner oder Chloroplasten. Bei Moosblättchen zeigen sie sich besonders schön unter dem Mikroskop, weil sie groß sind. In diesen Blattgrünkörnern findet die Zuckerherstellung statt.

Der Weg dorthin führt bei den Blütenpflanzen durch die Spaltöffnungen auf den Blättern. Das sind feine Poren, die dem Gasaustausch dienen. Sie können verschlossen und geöffnet werden, ganz nach Bedarf der Pflanze. Bei trockener Witterung schließen sie, denn durch die Spaltöffnungen wird auch Wasser verdunstet – für die Pflanze ein kostbares Gut. Durch Diffusion gelangen die CO_2-Moleküle ins Innere der Zellen, wo sie verarbeitet werden. Ein Enzym mit dem edel klingenden Namen Ribulose-Biphosphat-Carboxylase, kurz Rubisco, verbindet das CO_2 mit einem kleinen Kohlehydrat. Dadurch ist das Gas „fixiert" und liegt nicht mehr in freier Form vor. Für diesen Schritt braucht es Energie, die Pflanzen aus dem Sonnenlicht beziehen. In ein paar weiteren Schritten entsteht Traubenzucker, der Ausgangsstoff für den Aufbau des Pflanzenkörpers mit all seinen verschiedenen Bestandteilen wie Zellulose, Vitamin C oder rotem Blütenfarbstoff. Das Kohlendioxid ist Bestandteil organischer Materie geworden. Bei der Umwandlung entsteht Sauerstoff, den die Pflanze nicht braucht und der durch die Spaltöffnungen abgegeben wird. All diese biochemischen Vorgänge hatten Melvin Calvin (1911–1997) und seine Mitarbeiter aufgeklärt. Der amerikanische Biochemiker bekam 1961 den Nobelpreis für Chemie für seine bahnbrechenden Arbeiten.

Damit vollziehen Pflanzen und Algen, zudem bestimmte Bakterien, eine Ungeheuerlichkeit: Sie nutzen Sonnenenergie, um aus anorganischen Ausgangsstoffen komplexe organische Verbindungen aufzubauen. Daher sind sie in einem Ökosystem die Produzenten und stehen am Anfang der Nahrungskette. Vereinfacht lässt sich Fotosynthese mit folgender Formel beschreiben:

$$\text{Wasser} + \text{Kohlendioxid} \longrightarrow \text{Zucker} + \text{Sauerstoff}$$

Beim Zucker handelt es sich genau genommen um Hexose, aber diese Details sind nicht weiter wichtig. Das oben erwähnte Enzym Rubisco ist das häufigste Enzym der Erde und zweifelsohne eines der wichtigsten. Schätzungen besagen, dass jede Sekunde weltweit etwa eine Tonne Rubisco in den pflanzlichen Geweben gebildet wird. In einem Blatt kann durchaus ein Viertel aller wasserlöslichen Proteine aus Rubisco bestehen. Wenn Sie sich das Enzym in einer Apotheke besorgen könnten, würde es sich als ein flockiges weißes Pulver zeigen.

Heute können Biologen die Fotosynthese mit teuren Messgeräten direkt erfassen. Sie spannen dazu ein Blatt in eine luftdichte Kammer ein und bestimmen die Leistung der Fotosynthese aufgrund der Änderung des Gehaltes an CO_2, das vom Blatt aufgenommen wird. Typische Werte, die dabei gefunden werden, bewegen sich um 3 Gramm Kohlendioxid, das in einer Stunde von 1 Quadratmeter Blattfläche verarbeitet wird. Natürlich hängt der Vorgang der Fotosynthese von verschiedenen Faktoren ab: Lichtverhältnisse, Temperatur und Wasserverfügbarkeit sind die wichtigsten. Eine Pflanze braucht aber auch genügend Stickstoff und andere Nährstoffe aus dem Boden.

Weltweit werden jedes Jahr rund 120 Gigatonnen Kohlenstoff aus der Luft durch die Fotosynthese der Landpflanzen verbraucht und in Zucker eingebaut. Nun gibt es aber ein Problem. Im ersten Kapitel haben wir gesehen, wie viel Kohlendioxid in der Atmosphäre vorhanden ist. Dieser Vorrat, so riesig er ist, wäre von den Pflanzen bereits nach wenigen Jahren aufgezehrt! Die Vulkane können den Bedarf nicht decken. Es braucht andere Quellen für CO_2.

Die Gegenspieler

Wir Menschen und alle Tiere können keine Fotosynthese betreiben, wir müssen den umgekehrten Vorgang tätigen. Wir müssen organische Substanzen verdauen und die Energie daraus beziehen. Das ist die Zellatmung, bei der in den sogenannten Mitochondrien der Zellen Zucker chemisch verbrannt wird. Der Vorgang benötigt Sauerstoff und es entsteht Energie, als Abfallprodukt entsteht CO_2. Wenn wir essen, wird die Nahrung aufgeschlossen, in zahlreichen Schritten abgebaut und die Mitochondrien – die Kraftwerke unserer Zellen – mit Brennstoff versorgt. Die Energie erhält uns warm, ermöglicht unser Bewegen und Denken. Was hier geschieht, ist genau der umgekehrte Vorgang zur Fotosynthese. Die Formel dazu lautet also:

$$\text{Zucker} + \text{Sauerstoff} \longrightarrow \text{Wasser} + \text{Kohlendioxid}$$

Tier und Mensch heißen in der Ökologie Konsumenten, weil sie andere Lebewesen verzehren müssen, um selbst am Leben zu bleiben. Damit zeichnet sich der Kreislauf ab. Zu den Konsumenten gehören Pflanzenfresser wie Kühe und Schafe, Fleischfresser wie Löwen, und Allesfresser, die sowohl Pflanzen als auch Tiere verspeisen – dazu zählen auch wir. Und dann sind da noch die vielen unentbehrlichen Organismen, die abgestorbene Pflanzen und Tiere zersetzen. Zersetzer oder Destruenten sind aus einem Ökosystem nicht wegzudenken. Alle – Konsumenten wie Zersetzer – ernähren sich direkt oder indirekt von Pflanzen, also von organischer Substanz, die mittels Sonnenenergie aufgebaut wurde.

Nun atmen aber auch Pflanzen. Auch sie besitzen Mitochondrien und verbrennen bei Bedarf Traubenzucker. Wie viel Sauerstoff eine Pflanze freisetzt und wie viel Kohlendioxid sie aufnimmt, ergibt sich aus der Bilanz der beiden Prozesse. Bei Tier und Mensch hingegen gibt es nur den Ausstoß des Gases. Aber das Kohlendioxid in unserem Atem ist absolut klimaneutral!

Das irdische Karussell

Damit wird klar, dass wir ohne CO_2 in der Luft nicht leben könnten – von der Klimawirksamkeit des Gases ganz abgesehen. Eine paradoxe Situation, aber wir wären nicht entstanden ohne das Gas. Erst das Zusammenspiel von Kohlendioxidproduzenten und -verbrauchern erlaubt die Existenz des Lebens, wie wir es kennen. Die gegenseitige Abhängigkeit hat sich zu einem Gleichgewicht eingependelt, bei dem etwa so viel Kohlendioxid von den Produzenten gebildet wird, wie von den Konsumenten freigesetzt wird. Ein Geben und Nehmen der beiden Gase Sauerstoff und Kohlendioxid.

Damit sind wir bereits beim Kohlenstoffkreislauf. In der Natur findet ein ständiger Austausch des Kohlenstoffs zwischen den verschiedenen Bestandteilen wie Atmosphäre, Ozeane, Wälder und Boden statt. Dadurch entsteht ein Kreislauf, bei dem einerseits die Speicher oder Vorräte eine wichtige Rolle spielen, andererseits die Raten des Verbrauchs und der Erzeugung. Das Gleichgewicht ergibt sich dadurch, dass die Rechnung aufgeht – Eingänge und Abgänge halten sich die Waage. Es findet eine Dynamik statt und damit spielt auch die Zeit eine Rolle. Bei der Aufstellung von Bilanzen geht es stets um Raten – wie viel CO_2 entsteht etwa pro Jahr und wie viel wird wieder verbraucht? Das ist mit einem Bankkonto vergleichbar: Was sich gerade auf dem Konto befindet, ist der Vorrat oder das Kapital. Seine Höhe wird von den Bewegungen beeinflusst – welche Beträge werden einbezahlt, welche abgehoben. Sie bestimmen, wie viel Geld gerade in Umlauf ist und wie hoch das Kapital.

Warum sind der Kohlenstoffkreislauf und seine Bilanz für die Diskussion um den Klimawandel so wichtig? Das hat damit zu tun, dass die Menge an Kohlendioxid in der Atmosphäre von all den Prozessen abhängt, bei denen CO_2 entweder entsteht oder verbraucht wird. Aber auch der Austausch durch Diffusion trägt zur Bilanz bei. Von den Ozeanen entweicht gelöstes Kohlendioxid in die Atmosphäre und umgekehrt geht das Gas aus der Luft im Wasser in Lösung. Die Bilanz all dieser Prozesse bestimmt den momentanen Gehalt des Gases in der Luft und damit auch seinen Einfluss auf das Klima.

Jetzt wird auch klar, warum der Kohlenstoff im Zentrum steht. In fossilen Energieträgern und in Holz ist eine bestimmte Menge Kohlenstoff vorhanden, die bei Verbrennung CO_2 bildet. Die Menge an Kohlenstoff in einem Stück Holz oder einem Kohleklumpen bestimmt die Menge an CO_2, die daraus entstehen kann. Umgekehrt verschlucken Pflanzen durch die Fotosynthese CO_2 und bilden daraus Holz. Nicht das Kohlendioxid unterliegt einem Kreislauf, sondern der Kohlenstoff. Die Mengen an CO_2, die dabei ausgetauscht werden, sind eine Begleiterscheinung dieses so bedeutungsvollen irdischen Karussells.

In Abbildung 3.1 ist der Kohlenstoffkreislauf schematisch dargestellt. Wir haben es mit riesigen Stoffmengen zu tun. Daher rechnen Wissenschaftler mit der Maßeinheit „Gigatonne“. Eine Gigatonne entspricht 1000 Milliarden Tonnen. Um eine Vorstellung der Größenordnung zu bekommen, übersetze ich als Beispiel die Entfernung der Erde zum Pluto in Gigakilometer: Das äußerste Gestirn in unserem Sonnensystem ist rund 5900 Milliarden Kilometer entfernt. Diese Distanz entspricht 5,9 Gigakilometer.

Es lohnt, das Kohlenstoffkarussell etwas näher zu betrachten und die verschiedenen Vorräte und Flüsse zu vergleichen. Daraus ergibt sich ein Bild, wie unser Planet funktioniert, wie das Erdsystem uns alle am Leben erhält und er offenbart, warum wir für einen Anstieg des CO_2-Gehaltes sorgen.

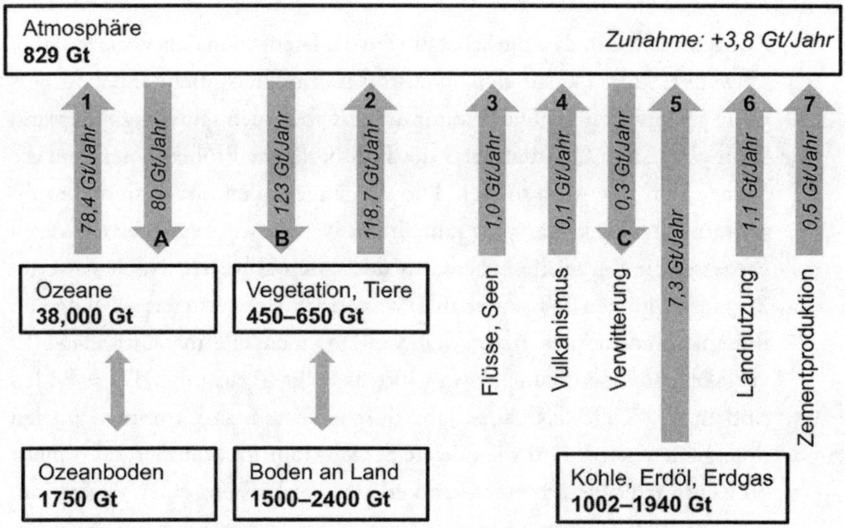

Abb. 3.1 Der globale Kohlenstoffkreislauf. Dargestellt sind die Speicher und die wichtigsten Flüsse zwischen ihnen und der Atmosphäre. Pfeile nach unten bedeuten Verbrauch durch CO_2-Senken, Pfeile nach oben Hinzufügen aus CO_2-Quellen. Die jährliche Zunahme von 3,8 Gigatonnen Kohlendioxid in der Luft ergibt sich aus der Bilanz der zehn Flüsse. Fett gedruckte Zahlen geben Vorräte an. Nach Reichstein (2015) und Global Carbon Project (2016).

Quellen: (1) Diffusion aus den Meeren und Atmung der Lebewesen in den Meeren, (2) Atmung der Lebewesen an Land und Feuer, (3) Diffusion aus Seen und Fließgewässern, (4) Ausstoß als Folge vulkanischer Vorgänge, (5) Verbrennung fossiler Energieträger, (6) Landnutzung und Landnutzungsänderungen, Waldrodungen, Brandrodungen, (7) Ausstoß aus der Zementproduktion.

Senken: (A) Auflösen im Wasser und Fotosynthese, (B) Fotosynthese der Vegetation an Land, (C) chemische Verwitterung von Gesteinen. Doppelpfeile geben einen langsamen Austausch zwischen den Speichern an.

Die Vorräte

Zunächst fällt auf, dass die Schätzungen der Mengen in den Vorräten stark schwanken. Der Gehalt an Kohlenstoff im Boden ist nicht annäherungsweise genau bekannt. Die Bestimmung ist aber auch schwierig. Niemand kann von jedem Quadratmeter der Erdoberfläche Proben holen und die Menge an Kohlenstoff messen. Die Vorgänge in den Böden sind kompliziert und erst die letzten paar Jahre intensiver Forschung zeigen die vielen Prozesse, die durch die Lebewesen im Boden ablaufen. Noch vor etwa 20 Jahren gingen Wissenschaftler von einer viel geringeren Menge an Bodenkohlenstoff aus. Inzwischen weiß man, dass Permafrostböden sehr viel Kohlenstoff enthalten, etwa 1300 bis 1600 Gigatonnen. Diese Böden sind in der Tiefe das ganze Jahr durchgefroren und kommen in den Polargebieten vor. Nur die oberste Schicht taut im Sommer auf – meist 30 Zentimeter bis 2 Meter – und erlaubt die Existenz einer Vegetation.

Auch die Vorräte an fossilen Energieträgern sind schwer zu schätzen. Selbst wenn die Mengen an Kohle, Erdöl und Erdgas höher als bisher angenommen sein sollten, bedeutet dies nicht, dass sie für uns leicht zur Verfügung stehen. Die Erdölgewinnung aus der Tiefsee oder tief liegenden Lagerstätten an Land ist teuer und mit Gefahren verbunden. Das Trio an fossilen Energieträgern hat übrigens eine sehr unterschiedliche Entstehungsgeschichte.

Kohle, Erdöl und Erdgas – was verbrennen wir da eigentlich?

Die Bildung der fossilen Energieträger reicht tief in die Erdgeschichte zurück und dauerte Jahrmillionen. Steinkohle und Braunkohle sind zu Stein gewordene Pflanzenreste. Steinkohle besteht zu mehr als der Hälfte aus Kohlenstoff, daher erscheint sie schwarz. Vor etwa 250 bis 350 Millionen Jahren gab es ausgedehnte Sumpfwälder auf der Erde, in denen pflanzliche Reste versanken und wegen Sauerstoffmangel nicht abgebaut wurden. Im Laufe der Zeit verschwanden die Wälder, die Sümpfe wurden von Sedimenten überdeckt und durch Druck und Wärme entstand allmählich die Steinkohle. Braunkohle ist jünger und geht auf die Zeit von etwa 65 bis 2 Millionen Jahren zurück. Sie bildete sich vor allem in Moorgebieten. Der Gehalt an Kohlenstoff ist geringer. Erdöl entstand aus abgestorbenen Kleinstlebewesen einstiger Meere, vor allem Algen. Diese sanken nach dem Absterben auf den Meeresgrund, wo Sauerstoffarmut herrschte und sich Faulschlamm bildete. Im Laufe der Jahrmillionen überdeckten neue Sedimente diese Faulschlammschichten. Druck und Wärme verwandelten das organische Material in Erdöl, das sich zwischen den Gesteinsschichten ansammelte. In diesen Lagerstätten kommt auch häufig Erdgas vor, das bei der Bildung von Erdöl entstand. Alle drei fossilen Energieträger enthalten gespeicherten Kohlenstoff, der einst mittels Fotosynthese aus Kohlendioxid in der Luft in pflanzliche Biomasse eingebaut wurde. Wenn wir in kurzer Zeit Kohle, Erdöl und Erdgas verbrennen, bringen wir den Kohlenstoff wieder in die Luft.

Der größte Kohlenstoffvorrat liegt in den Ozeanen. Das ist nicht weiter erstaunlich, leben wir doch auf einem Wasserplaneten. Die Meere enthalten sehr viel gelöstes Kohlendioxid, sie nehmen auch weiterhin das Gas auf. Der allergrößte Vorrat an Kohlenstoff auf der Erde ist in der Abbildung aber nicht eingezeichnet. Es sind die kohlenstoffhaltigen Gesteine wie Kalk und Dolomit, die insgesamt etwa 16,4 Millionen Gigatonnen Kohlenstoff enthalten. Es findet ein Austausch zwischen den Gesteinen und der Atmosphäre und dem Boden statt, einerseits durch chemische Verwitterung, andererseits durch Tropfsteinbildung. Diese Prozesse sind aber so langsam und die Mengen, die dabei in Umlauf gebracht werden, so gering, dass sie für den Kohlenstoffkreislauf vernachlässigt werden können.

Die Flüsse

Weil das CO_2 in der Atmosphäre maßgebend für den Klimawandel ist, sind die Zugänge und Abgänge zwischen ihr und anderen Vorräten besonders wichtig. Die beiden stärksten Flüsse von der Atmosphäre zu CO_2-Senken sind einerseits die Fotosynthese auf dem Land, andererseits die Aufnahme von Kohlendioxid durch die Ozeane. Einmal im Meerwasser gelöst, wird ein kleiner Teil davon durch die Algen verarbeitet, die ebenfalls Fotosynthese betreiben. Der größte Teil bleibt aber in Lösung.

Welche Flüsse führen der Atmosphäre Kohlendioxid zu? Die größten Flüsse sind wiederum die Ozeane und die Vegetation mit ihrer Vielzahl an Tieren und Mikroorganismen. Von den Ozeanen strömt sehr viel

Abb. 3.2 Wälder nehmen große Mengen an Kohlendioxid auf und bauen den Kohlenstoff im Holz ein. Solange die Bäume stehen, bleibt der Kohlenstoff gebunden. Stürzen die Bäume und wird das Holz abgebaut, oder fallen sie einem Waldbrand zum Opfer, verwandelt sich der gebundene Kohlenstoff wieder in Kohlendioxid.

CO_2 wieder in die Atmosphäre aufgrund von Diffusion. Der Vorgang ist uns bestens von Essig bekannt: Wir riechen den Essig, auch ohne unsere Nase direkt in die Flüssigkeit stecken zu müssen. Die andere große Quelle setzt sich aus der Atmung auf dem Land und Wald- und Buschbränden zusammen. Der Vulkanismus macht weltweit lediglich einen winzigen Anteil aller CO_2-Quellen aus.

Ich habe oben erwähnt, dass Zugänge und Abgänge sich die Waage halten. Wenn wir die Zahlen der Flüsse in der Abbildung aufsummieren, ergibt sich aber ein jährlicher Überschuss in der Atmosphäre von etwa 4 Gigatonnen Kohlenstoff. Die Rechnung geht nicht auf! Bei einem Bankkonto ist ein Plus jedes Jahr durchaus etwas Erfreuliches, bei der Atmosphäre und ihrem Kohlendioxid eher ein Grund zur Besorgnis.

Hier kommt der Mensch mit seinen Aktivitäten ins Spiel. Seit Beginn des Industriezeitalters existieren auf der Erde neue CO_2-Quellen, die zu dem jährlichen Überschuss führen. Die Verbrennung fossiler Energieträger nimmt dabei die wichtigste Rolle ein, sie macht 91 Prozent der anthropogenen Kohlenstoffemissionen aus. Die restlichen 9 Prozent stammen von Waldrodungen und anderen Landnutzungsänderungen sowie aus der Zementproduktion.

Die Rolle der Landnutzung und ihre Änderungen tauchen in der Diskussion um den Klimawandel immer wieder auf. Wenn Wald gerodet wird, entsteht eine indirekte Quelle von Kohlendioxid, weil der nicht mehr existierende Wald auch kein CO_2 mehr aufnehmen kann. Es entsteht ein Loch in der Senke „Vegetation“ und die nicht aufgenommene Menge verbleibt in der Atmosphäre. Das ist wie bei einem Stausee, dessen Abfluss verstopft ist. Die bestimmte Menge an Wasser, die dadurch nicht abfließt, führt zu einem Anstieg des Pegels im Stausee. Bei Brandrodungen hingegen wird das Holz direkt verbrannt und wir haben eine direkte Quelle.

Nun verbleiben die menschengemachten Emissionen nicht einfach samt und sonders in der Atmosphäre. Zum Glück, denn sonst wäre die Auswirkung auf das Klima noch schlimmer. Der Anstieg der Kohlendioxidkonzentration in der Atmosphäre beruht auf etwa 45 Prozent der anthropogenen Emissionen, der Rest wird je zur Hälfte von den Ozeanen und den Ökosystemen an Land aufgenommen. Wir haben also eine wirksame Pufferung unserer Emissionen durch das System Erde.

Vom Karussell zur Spirale

Durch den beständigen Eintrag von Kohlenstoff aus anthropogenen Quellen steigt der Gehalt in der Atmosphäre stetig an – in Form von Kohlendioxid. Der Kreislauf ist zu einer Spirale geworden. Zugänge und Abgänge halten sich nicht mehr die Waage. Der Klimawandel selbst beeinflusst den Kohlenstoffkreislauf und bringt ihn zunehmend durcheinander. Der Grund ist einfach: Vorgänge wie Atmung und Fotosynthese, zwei Lebensprozesse, hängen vom Klima ab. Temperaturverhältnisse, Trockenheit und alle anderen Wetterereignisse wirken sich so direkt auf die Flüsse von Kohlenstoff zwischen der Atmosphäre und der Vegetation aus.

Der Hitzesommer 2003 hat dies den Forschern deutlich vor Augen geführt. Während der Hitze- und Trockenperiode über Europa ist die Kohlenstoffaufnahme durch die Vegetation stark vermindert worden. Wenn Bäume wegen Trockenheit absterben und das Holz durch Pilze und Mikroorganismen verrottet, geschieht gleich zweierlei: Die Fotosynthese der Bäume fällt weg und durch den Abbau des Holzes wird der gespeicherte Kohlenstoff in Form von Kohlendioxid an die Atmosphäre abgegeben. Durch die Atmung der abbauenden Organismen entsteht eine Quelle. So kommen Forscher zum Schluss, dass 2003 in Europa die Kohlenstoffaufnahme mehrerer Jahre rückgängig gemacht wurde. Globale Hochrechnungen haben ergeben, dass extreme Trockenperioden dazu führen, dass weltweit jedes Jahr 2 Gigatonnen Kohlenstoff nicht durch Fotosynthese verarbeitet werden. Diese Menge verbleibt in der Atmosphäre und trägt zum Anstieg der Konzentration an Kohlendioxid bei.

Eine weitere Verschiebung der Flüsse geschieht, wenn die Permafrostböden als Folge der Erwärmung auftauen. Dann beginnen die Lebensprozesse im Boden, die Atmung setzt ein und es entstehen Kohlendioxid sowie Methan. Darin sehen Forscher eine große Gefahr und eine Beschleunigung des Treibhauseffektes. Nach den Prognosen der Klimaforscher könnte bei einer globalen Erwärmung um 2 °C ein Viertel bis etwa die Hälfte aller Permafrostböden auftauen.

Somit entwickelt sich der Kohlenstoffkreislauf nicht nur zu einer Spirale, sondern auch zu einem Teufelskreis. Wir haben unangenehme Rückkopplungen, weil der Klimawandel diejenigen Prozesse beflügelt, bei denen Treibhausgase entstehen. Das wird den Klimawandel verstärken.

Und das Methan?

Die Betrachtungen wären ohne Erwähnung des Gases Methan unvollständig. Methan enthält schließlich auch Kohlenstoff und ist ein sehr viel klimawirksameres Treibhausgas als Kohlendioxid. Die heutige Konzentration von Methan in der Atmosphäre beträgt etwa 0,00018 Prozent. Der Wert ist sehr viel geringer als beim Kohlendioxid. Daher sind auch die Mengen an Kohlenstoff, die durch das Methan umgesetzt werden, viel geringer und haben für die globale Kohlenstoffbilanz keine große Bedeutung. Hinzukommt, dass Methan nicht sehr stabil ist und nur eine kurze Verweildauer in der Atmosphäre hat, da es durch atmosphärische Prozesse in Kohlendioxid umgewandelt wird. Forscher gehen von einer Verweildauer von etwa 9 bis 15 Jahren aus. Kohlendioxid hingegen weist eine durchschnittliche Verweildauer in der Atmosphäre von etwa 120 Jahren auf.

Dennoch sind die Vorgänge, die zur Methanbildung führen, für den Klimawandel von großer Bedeutung. Natürlicherweise entsteht Methan dort, wo organisches Material unter Luftabschluss abgebaut wird. Dies geschieht durch bestimmte Bakterien, die in Sümpfen oder im Schlamm auf dem Grund von Gewässern leben. Der Fäulnisvorgang lässt Sumpfgas entstehen, das viel Methan enthält. Sümpfe und andere Feuchtgebiete sind daher die wichtigsten natürlichen Quellen von Methan. Auch Vulkane und heiße Thermalquellen in der Tiefsee setzen Methan frei.

Was in der Tiefsee mit dem Methan geschieht, ist spannend und außergewöhnlich. Methan, das am Meeresgrund austritt, perlt nicht zur Oberfläche, sondern wird wegen des hohen Druckes und der tiefen Temperaturen zu festem Methanhydrat. Ein weißliches Material, ähnlich wie Wassereis, das eine Art chemische Verbindung von Wasser und Methan darstellt. Methanhydrate sind in den Ozeanen reichlich vorhanden und enthalten schätzungsweise 500 bis 3000 Gigatonnen Kohlenstoff. Dieser riesige Vorrat ist in der Abbildung 3.1 nicht eingezeichnet, weil es so gut wie keinen Austausch mit der Erdoberfläche und der Atmosphäre gibt.

Das kann sich aber ändern, denn die Erdölindustrie liebäugelt schon lange mit dem Abbau der Methanhydrate. Bei diesem gefährlichen

Unternehmen könnten auf einen Schlag große Mengen an Methan unbeabsichtigt in die Atmosphäre gelangen. Der Grund ist, dass Methanhydrat in geringer Wassertiefe sofort zu Wasser und Methan zerfällt. Forscher befürchten auch ein Abrutschen der Kontinentalhänge als Folge des Abbaus, weil gerade hier große Mengen an Methanhydrat vorliegen.

Die heutigen anthropogenen Emissionen an Methan entstehen durch die Förderung von Kohle, Erdöl und Erdgas. Als Grubengas ist Methan in Steinkohlelagern eingeschlossen und kann in Kohlebergwerken gefährlich werden. Methan ist ein wichtiger Bestandteil von Erdgas und fällt bei der Gewinnung von Erdöl und Erdgas als Abfallprodukt an. Eine andere wichtige Quelle ist die Landwirtschaft, auf die ich in Kapitel 8 eingehen werde.

Alles in allem stecken wir Menschen mit unseren Aktivitäten jedes Jahr etwa 4 Gigatonnen zusätzlichen Kohlenstoff in die Atmosphäre: ein kleiner Zuschuss zum gesamten Vorrat in der Lufthülle, der weniger als ein halbes Prozent ausmacht. Auch die Konzentration von Kohlendioxid in der Luft ist sehr gering. Wie kommt es, dass solch kleine Mengen und kleine Änderungen für so viel Tumult im Klimageschehen sorgen können? Es wird Zeit, sich mit Klima, Wetter und dem Treibhauseffekt auseinanderzusetzen.

4. WIE WIR DEN TREIBHAUSEFFEKT ANHEIZEN

Auf genau 19° 32' 11'' Nord geografischer Breite und 155° 34' 34'' West geografischer Länge, auf 3397 Meter über Meer liegt die Wiege kontinuierlicher Messungen des CO_2-Gehaltes in der Luft. Das Observatorium auf dem Vulkan Mauna Loa, Hawaii, ist heute eine moderne Forschungsstation der US-amerikanischen „National Oceanic & Atmospheric Administration", kurz NOAA. Seit 1958 wird hier in der Unberührtheit des Berggipfels ununterbrochen die Luft analysiert. Alle paar Stunden werden automatisch Proben eingesogen und in komplizierte Apparate gepumpt, die neben der Konzentration an CO_2 auch die Konzentrationen der anderen Bestandteile der Luft bestimmen. Die Messreihe ist die längste kontinuierliche Aufzeichnung der Konzentration an Kohlendioxid in der Atmosphäre. Im August 2017 betrug die Konzentration von CO_2 auf dem Mauna Loa 0,0405 Prozent; die Messungen lassen sich online verfolgen [1]. Solch kleine Konzentrationen geben die Forscher meist als „parts per million" oder ppm an. Die eben erwähnte Messung entspricht 405 ppm.

Begonnen hatte alles mit der Initiative des Chemikers und Klimaforschers Charles David Keeling (1928–2005). Der Wissenschaftler erhielt zahlreiche Ehrungen und war von 1969 bis 1970 Gastprofessor an der Universität Heidelberg, von 1979 bis 1980 an der Universität Bern.

Im Jahr 1957 richtete Keeling die erste permanente CO_2-Messstation der Welt auf dem Vulkan ein, die seit 1958 Daten liefert. Grund genug, 1997 das 40-jährige Jubiläum mit einem Festakt im Weißen Haus zu begehen, an der Vizepräsident Al Gore dem Wissenschaftler eine besondere Auszeichnung verlieh.

Weltweites Monitoring

Heute gibt es ein weltweites Netz von Messstationen, die neben Treibhausgasen auch Daten zur Luftqualität erfassen. In Deutschland begann 2012 der Aufbau eines Messnetzes zur kontinuierlichen Analyse der Atmosphäre, das von der Forschungsinfrastruktur ICOS („Integrated Carbon Observation System") betrieben wird. Die Messgeräte sind entweder auf Fernsehtürmen angebracht, wie auf dem Ochsenkopf, oder es wurden eigens hohe Masten errichtet, wie bei der Messstation Gartow. Für die Ermittlung der Konzentration an CO_2 und anderen Treibhausgasen in der Atmosphäre ist ein weltumspannendes Netz wichtig, denn je mehr Messungen an verschiedenen Orten gemacht werden, umso genauer wird das Bild.

Keelings Messreihe schrieb Weltgeschichte und sollte schon bald die Gemüter aufheizen. Beim Anblick der Keeling-Kurve, wie die Messreihe genannt wird, musste sich jeder Wissenschaftler - egal ob Klimaforscher, Atmosphärenphysiker oder Forscher eines anderen Feldes - die Fragen stellen: Wie kommt der stetige Trend nach oben zustande? Wohin führt das, was war vorher?

Es lohnt, die Messreihe etwas genauer zu betrachten. Zwei Dinge fallen auf: das Auf und Ab während eines Jahres und der Trend in Richtung Zunahme. Der jährliche Zyklus geht auf die Fotosynthese der Pflanzendecke zurück. Wenn in den Sommermonaten Pflanzen – vor allem in den großen Waldgebieten auf der Nordhalbkugel – CO_2 aufnehmen und fixieren, sinkt die Menge des Gases in der Lufthülle etwas ab. In den Wintermonaten fällt dieser Vorgang weg und der Gehalt steigt wieder an. Das ist der Puls der Erde, die Konzentration an Kohlendioxid spiegelt die Lebensvorgänge auf ihrer Oberfläche wider. Das Auf und Ab erklärt aber nicht die allgemeine Zunahme von weniger als 0,032 bis 0,04 Prozent während der Messperiode.

Schon früh vermuteten Forscher, dass die Verbrennung fossiler Energieträger der Hauptgrund für die Zunahme sein könnte, und stellten auch einen Zusammenhang mit klimatischen Veränderungen her. So schrieb George Benton von der Johns-Hopkins-Universität im US-Bundesstaat Maryland bereits 1970 folgende Zeilen: „Der Effekt des Kohlendioxids ist eine Zunahme der Temperatur auf der Erde, durch

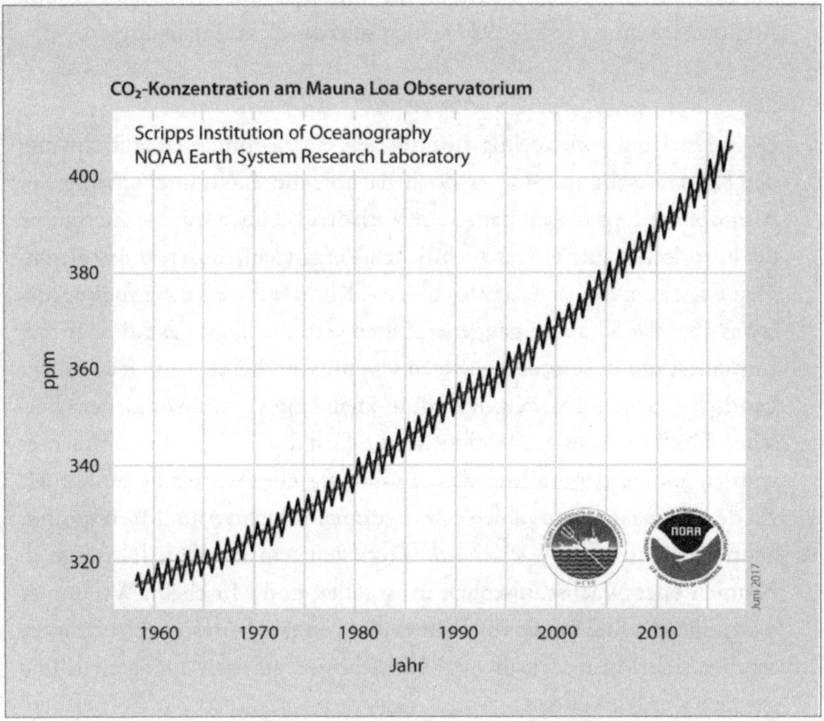

Abb. 4.1 Änderung der Konzentration an Kohlendioxid in der Atmosphäre seit 1958, gemessen auf Mauna Loa, Hawaii. Die Zickzacklinie zeigt die Messwerte, die ausgezogene Linie die Jahresmittel. Quelle: NOAA/ESRL/Global Monitoring Division.

Absorbieren der abgehenden Strahlung“ [2]. Dass die Sonnenstrahlung eine wichtige Rolle spielt, werden wir gleich sehen. Bereits im 19. Jahrhundert vermutete der schwedische Physiker und Chemiker Svante August Arrhenius (1859–1927) einen solchen Zusammenhang.

Die Suche nach der Vergangenheit

Die Messdaten von Keeling stimulierten einen immensen Aufschwung der Klimaforschung, ging es doch darum, die Zusammensetzung der Atmosphäre und die klimatischen Verhältnisse über längere Zeiträume der historischen und erdgeschichtlichen Vergangenheit zu rekonstruieren. Den Forschern stehen dazu verschiedene Klimaarchive zur Verfügung, die etwas über das Klima vergangener Zeiten verraten. Dass das Klima früher zumindest zeitweise anders gewesen sein muss als heute, kann jeder in der Landschaft sehen: Das zeigen Endmoränen längst verschwundener Gletscher, Findlinge, riesige Steinblöcke, die einst durch Gletscher verfrachtet wurden und seither inmitten der Landschaft stehen wie ein Fremdkörper. Zu den Klimaarchiven zählen etwa Sedimentschichten am Meeresgrund, Schneeschichten auf Gletschern, Tropfsteine in Höhlen, Jahrringe in Bäumen oder Wachstumszonen in Korallen und Muscheln. Wo immer Vorgänge stattfinden, die vom Klima und von den Jahreszeiten abhängen, ergeben sich Muster, aus denen Rückschlüsse auf das vergangene Klima gezogen werden können.

Am bekanntesten und für die Klimaforschung ein wahrer Segen sind Eisbohrkerne aus den Eisschilden Grönlands und der Antarktis. Hier liegen kilometerdicke Eisschichten auf dem Felsen, gebildet durch den beständigen Schneefall. Die untersten Schichten sind die ältesten. Durch den Druck von oben wird der Schnee zu Eis gepresst. Darin eingeschlossen sind Luftbläschen, Proben der damaligen Atmosphäre, die von den Forschern analysiert werden können. Berühmtheit erlangte der Wostok-Eisbohrkern von der Antarktis, der bis in ein Alter von 420 000 Jahren zurückreicht. Im Jahr 2003 haben Forscher sogar Eis geborgen, das über 800 000 Jahre alt ist. Der neuste Fund der Polarforscher in der Antarktis ist Eis mit einem Alter von 2,7 Millionen Jahren. Ein wahrer Schatz für die Forscher, denn die Analysen der uralten Luft darin werden das Bild des vergangenen Klimas auf der Erde verfeinern. Auf Grönland reicht die

Eisdecke etwa 120 000 Jahre in die Vergangenheit zurück. Die Idee, dass Eisbohrkerne Fenster in die Vergangenheit sein könnten, schlug schon der Geologe und Meteorologe Alfred Wegener (1880–1930) vor.

In der eingeschlossenen Luft lässt sich nicht nur der Gehalt an CO_2 bestimmen, sondern es lassen sich auch Rückschlüsse auf die Temperaturverhältnisse ziehen. Die komplizierten Verfahren, die den relativen Anteil von Sauerstoffisotopen messen, brauchen uns nicht weiter zu kümmern. Die Zeitreihe aus diesen Daten ist eindrücklich genug: Der Verlauf der Temperatur folgt dem Verlauf der Konzentration an Kohlendioxid. Es gab in den letzten 420 000 Jahren ein ständiges Auf und Ab, das sich beim Kohlendioxid zwischen 200 und 300 ppm bewegte. Somit war der Gehalt des Gases in diesem Zeitraum niemals so hoch wie heute, sogar während der letzten 800 000 Jahre nicht.

Je tiefer die Forscher in der erdgeschichtlichen Vergangenheit wühlen, desto schwieriger wird die Spurensuche und desto dürftiger die Datengrundlage. Dennoch zeichnet sich ein eindeutiges Bild ab: Der Erde widerfuhr des Öfteren ein Wechsel des Klimas. Die bekanntesten Klimaschwankungen der neueren Erdgeschichte sind die Eiszeiten, die vor 2 bis 3 Millionen Jahren begannen und vor rund 20 000 Jahren ihren Höhepunkt hatten.

Der wichtigste Befund der Rekonstruktion vergangener Klimaverhältnisse und der Zusammensetzung der Atmosphäre ist ein klarer Zusammenhang: Die mittlere globale Temperatur und die Konzentration an Kohlendioxid in der Luft sind gekoppelt. Ändert sich das eine, ändert sich auch das andere. Die Klimaforscher Stefan Rahmstorf und Hans Joachim Schellnhuber vom Potsdam Institut für Klimafolgenforschung sagen es so: „Dreht man an der Temperatur, so folgt mit einer für den Kohlenstoffkreislauf charakteristischen Verzögerung das CO_2; dreht man dagegen am CO_2 (wie derzeit der Mensch), so folgt wenig später die Temperatur“ [3]. In der erdgeschichtlichen Vergangenheit wurde an beiden Knöpfen gedreht. Die Kleine Eiszeit, eine Periode mit kühlem Wetter zwischen dem 15. und 19. Jahrhundert, ging wohl auf eine geringere Sonnenaktivität und verstärkten Vulkanismus zurück. Letzterer sorgte für Staub und Asche in hohen Luftschichten, die jahrelang verharrten und eine Abkühlung förderten.

Die Eiszeiten hingegen gehen auf zyklische Änderungen der Umlaufbahn der Erde um die Sonne und Schwankungen des Neigungswinkels der Erdachse zurück. Dadurch verändert sich periodisch die auf die Erde auftreffende Sonnenstrahlung, was sich auf das Klima auswirkt. Diese Schwankungen laufen in Zeiträumen zwischen 20 000 und 100 000 Jahren ab. Die Erde taumelt ein bisschen wie ein Kreisel um ihre Drehachse und die Umlaufbahn verläuft mal näher an der Sonne, mal etwas weiter weg.

Beim heutigen Klimawandel spielen diese Dinge nur eine untergeordnete Rolle. Als Hauptursache gilt die Freisetzung von Treibhausgasen, allen voran von Kohlendioxid aus der Verbrennung fossiler Energieträger. Hier stellt sich nun die Frage, wie der Zusammenhang zwischen dem CO_2-Gehalt in der Luft und dem Klima zustande kommt. Wie kann es sein, dass das bisschen CO_2 in das Klimageschehen eingreift und für so viel Tumult sorgt? Und warum ist ein Anstieg der mittleren globalen Temperatur auf der Erdoberfläche von weniger als einem Grad so bedeutungsvoll? Die Stichworte dazu lauten Treibhauseffekt, Klima und Wetter.

Klimawirksame Gase und der Treibhauseffekt

Die Lufthülle über unseren Köpfen ist ein Gemisch aus verschiedenen Gasen. Zudem schweben kleinste Partikel in ihr herum, wie Staubpartikel, Rußteilchen, Pollenkörner und Wassertröpfchen. Letztere sehen wir in Form von Wolken, die in großer Höhe auch Eiskristalle tragen können.

Die chemische Zusammensetzung der Erdatmosphäre ist ziemlich einmalig, weil mit 78 Prozent der größte Teil aus Stickstoff besteht. Sauerstoff haben wir zu einem Anteil von 21 Prozent. Beide zusammen machen 99 Prozent der Luft aus. Das restliche Prozent ist ein Gemisch mehrerer Spurengase, die in geradezu winzigen Mengen vorkommen. Die wichtigsten sind Kohlendioxid (0,04 Prozent) und Methan (0,0002 Prozent).

Ein weiteres wichtiges Gas ist verdunstetes Wasser oder Wasserdampf. Der Anteil schwankt aber so stark, dass es schlicht keinen Sinn macht, den Mengenanteil anzugeben. In sehr trockener Luft kann er etwa 0,1 Prozent betragen, in der feuchten Luft der Tropen beträgt er etwa 3 Prozent. Zudem spielt die Temperatur eine erhebliche Rolle und bestimmt, wie viel Wasser die Luft aufnehmen kann.

Nun haben Gase wie alle anderen chemischen Verbindungen auch bestimmte physikalische Eigenschaften. Bei einer festen Substanz wären das etwa Farbe und Schmelzpunkt, aber auch optische Eigenschaften wie Lichtbrechung. Die Gase Kohlendioxid und Methan, aber auch Stickstoffoxide und Wasserdampf haben einen starken Einfluss auf die Strahlungsverhältnisse in der Atmosphäre und damit auf das Klima. Sie sind im Gegensatz zu Sauerstoff und Stickstoff Treibhausgase. Was hat es damit auf sich?

Wenn die Sonne auf die Erde scheint, bringt sie einen komplexen Mix verschiedener Strahlungen mit sich, die sich in der Wellenlänge unterscheiden: sichtbares Licht, UV-Licht, Infrarotstrahlung. Die größte Intensität der Sonnenstrahlung liegt dabei im Bereich des sichtbaren Lichts. In der Atmosphäre und auf der Erdoberfläche geschieht mit den Sonnenstrahlen allerhand. Sie werden entweder reflektiert und wieder in den Weltraum zurückgeworfen, sie werden verschluckt oder absorbiert, oder sie werden in Wärmestrahlung umgewandelt. Letzteres können Sie an einem sonnigen Tag in den Bergen selbst erfahren. Eine schwarze Jacke wird von der Sonne aufgewärmt – nicht, weil die Sonne die Wärmestrahlung bringt, sondern weil das Material der Jacke die Sonnenstrahlen in Wärmestrahlung umwandelt. Wir spüren dies als angenehme Wärme. Eine weiße Jacke hingegen reflektiert viel mehr der Sonnenstrahlen und wird sich kaum aufwärmen. Hier wird auch klar, was mit Absorption gemeint ist: Die schwarze Oberfläche ist so beschaffen, dass sie die meisten Wellenlängen verschluckt, daher erscheint sie uns schwarz. Die weiße Oberfläche hingegen absorbiert die Strahlen nicht, daher werden sie zurückgeworfen.

Je nach Beschaffenheit der Gegenstände auf der Erdoberfläche werden die Sonnenstrahlen also verschluckt, reflektiert oder in Wärmestrahlung umgewandelt. Daraus ergeben sich eine globale Strahlenbilanz und auch eine globale Energiebilanz, denn Strahlung bedeutet auch Energie. Eine wichtige Größe für die Strahlungsbilanz ist die Albedo oder das Rückstrahlvermögen einer Fläche. Es ist einleuchtend, dass eine Eisfläche weitaus mehr des Sonnenlichtes reflektiert und in den Weltraum zurückwirft als eine dunkle Fläche wie ein offenes Meer oder eine Waldfläche. Hier zeigt sich auch eine der Rückkopplungen im Klimageschehen: Mit zunehmend auftauendem Eis an den Polen wird die

Albedo vermindert, weil die Oberfläche dunkler wird. Die Folge ist eine verstärkte Absorption der Strahlung, was sich in der Strahlungsbilanz bemerkbar macht.

Gase wie Kohlendioxid und Methan haben nun die Eigenschaft, die von der Sonne ankommende Strahlung passieren zu lassen, nicht aber die von der Erdoberfläche abgehende Wärmestrahlung. Ein Teil der Wärme wird festgehalten, sie kann nicht so leicht entweichen und staut sich. Die Folge ist eine bestimmte Temperatur auf der Erde, die von der Menge an klimawirksamen Gasen in der Atmosphäre abhängt. Alles in allem besteht ein Gleichgewicht der Strahlungsbilanz. Dieselbe Menge an Strahlungsenergie, die ankommt, wird auch wieder in den Weltraum abgegeben – entweder durch direkte Reflexion oder durch Abgabe von Wärmestrahlung. Das muss so sein, andernfalls hätte sich die Erde seit ihrer Entstehung jeden Tag mehr aufgeheizt.

Auch Wasserdampf ist klimawirksam, ebenso Stickoxide. Die Treibhausgase bewirken den Treibhauseffekt, dem wir lebensfreundliche Bedingungen auf der Erde verdanken. Tatsächlich ist der Treibhauseffekt die natürlichste Sache der Welt. Ohne ihn hätten wir auf unserem Planeten eine mittlere globale Temperatur von –18 °C, wahrscheinlich wäre die Erde eine leblose Eiswüste. Dank dem Treibhauseffekt haben wir eine mittlere globale Temperatur von +14 °C.

Die globale Erwärmung

Wenn wir nun in kurzer Zeit große Mengen an CO_2 in die Atmosphäre blasen, was wird dann geschehen? Die Physik gibt vor, dass die Temperatur ansteigen wird. Wenn wir fossile Energieträger verbrennen und anderweitig Treibhausgase freisetzen, verstärken wir den natürlichen Treibhauseffekt – die Erdoberfläche, die Ozeane und die unteren Schichten der Atmosphäre werden wärmer. Dies geschieht seit Beginn der industriellen Revolution Mitte des 19. Jahrhunderts. Die Grafik mit der Zunahme an Treibhausgasen in den letzten 2000 Jahren ist eindrücklich genug. Am besten ist es, wenn man sich die Kurven in aller Ruhe betrachtet und dabei ins Meditieren kommt. Dann muss einem der steile Anstieg am Ende der Zeitskala unweigerlich zu denken geben. Es liegt auf der Hand, dass eine derart große Zunahme der Konzentration in einem derart kurzen Zeit-

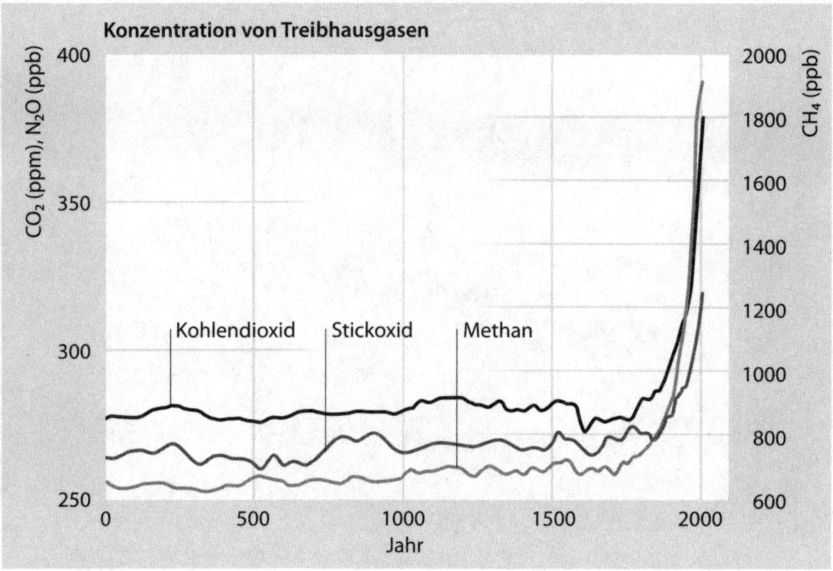

Abb. 4.2 Zunahme der drei wichtigsten Treibhausgase in den letzten 2000 Jahren. Quelle: FAQ 2.1, Figur 1 aus IPPC (2007b).

raum irgendetwas in der Atmosphäre bewirken muss. Ebenso klar ist, dass dieser dramatische Anstieg keine natürliche Ursache haben kann, zumal drei vollkommen verschiedene Treibhausgase – Kohlendioxid, Methan und Stickoxid – genau dasselbe Muster zeigen.

Vor dem industriellen Zeitalter bewegte sich die Konzentration an Kohlendioxid sogar während den letzten 10 000 Jahren unter 280 ppm. Sowohl für Methan als auch für CO_2 heißt es in einem Bericht des Zwischenstaatlichen Ausschusses für Klimaänderung oder IPCC: „Die atmosphärische Konzentration im Jahr 2005 übertrifft die aus Eisbohrkernen bestimmte natürliche Bandbreite der letzten 650 000 Jahre bei Weitem" [4].

Viele Menschen können sich nicht vorstellen, dass eine winzige Menge an CO_2 einen solchen Einfluss in der Atmosphäre haben kann. Das vorige Kapitel hat aber gezeigt, dass die absolute Menge in der

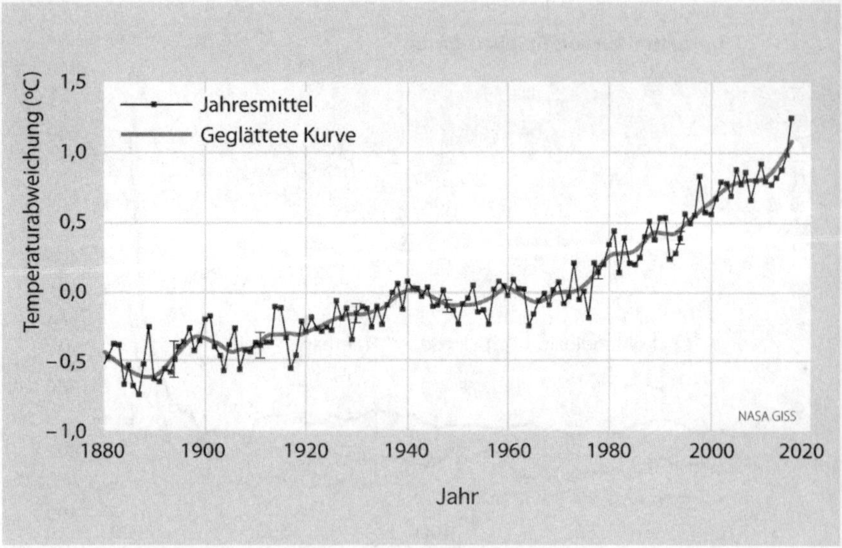

Abb. 4.3 Die Fieberkurve der Erde. Dargestellt ist die Abweichung der mittleren globalen Temperatur gegenüber 14 °C. Dieser Wert entspricht der mittleren globalen Temperatur aus weltweiten Wetterdaten von 1951 bis 1980. In der Klimaforschung ist es üblich, Änderungen als Differenz gegenüber einem langjährigen Mittelwert darzustellen. Quellen: GISTEMP Team (2017) und Hansen et al. (2010).

Lufthülle nicht gerade winzig ist. Die Klimawirksamkeit liegt am Aufbau der Moleküle. Stickstoff und Sauerstoff sind nicht klimawirksam. Methan hingegen übt einen rund 25-mal stärkeren Einfluss auf den Treibhauseffekt aus als Kohlendioxid. Daher gibt die Zunahme an Methan in der Atmosphäre ebenfalls Grund zur Sorge.

Durch den Anstieg an Treibhausgasen in der Luft verändert sich die Strahlungsbilanz und damit der Wärmehaushalt: Die Wärmemenge in den Ozeanen und in der Lufthülle steigt an. Dadurch steigt auch die mittlere globale Temperatur der Erdoberfläche. Zwischen 1880 und 2012 ist die mittlere globale Temperatur in Bodennähe um 0,85 °C gestiegen. Das scheint nicht viel, aber weil sich der Wert auf die ganze Erde bezieht, bedeutet er einen Eingriff in den Wärmehaushalt. Wärme ist eine Form von

Energie. Die vermehrte Energie führt zu einem turbulenteren Wetter, was wir als Klimawandel wahrnehmen. Bevor ich darauf eingehe, möchte ich kurz das Klimasystem unseres Planeten vorstellen.

Das Klimasystem

Wäre die Erde ein wasserloser und gebirgsloser Planet, wäre es viel einfacher, das Klima zu verstehen. Doch die Erde ist komplex – und so ist das Klima. Die Bestandteile der Klimamaschinerie lassen sich rasch aufzählen: die Ozeane, die Gletscher der Berge, die Eisschilde der beiden Pole, die Vegetation, die Gebirge und die Atmosphäre einschließlich Wolken und Staubteilchen. Mit anderen Worten: die Beschaffenheit und die Gestalt der Erdoberfläche. Das ist das Bühnenbild, doch es fehlen die Akteure. Diese sind: Wind in all seinen Formen, Meeresströmungen, Verdunstung, Wolkenbildung und Regen, Gewitter und, gelegentlich in der Erdgeschichte, Vulkanausbrüche. Die Energie zum Aufrechterhalten des Klimageschehens stammt einerseits aus der Erdrotation, die für Luftzirkulationen sorgt, andererseits aus dem Wärmehaushalt durch die Sonnenstrahlung. Zwischen dem Bühnenbild und den Akteuren gibt es jede Menge Wechselwirkungen und Rückkopplungen, was das irdische Klimasystem so überaus komplex macht.

Als Wasserplanet spielen die Ozeane eine maßgebliche Rolle im Klimageschehen der Erde. Die Ozeane speichern Wärme, sie transportieren durch ein weltweites System von Meeresströmungen Wärme von einem Ort zum andern. So bringt der Golfstrom des Atlantiks mildes Wetter im Westen Europas bis in hohe Breitengrade. Das Ausmaß solcher irdischer Meeresströmungen ist unvorstellbar. Pro Sekunde werden über 30 Millionen Kubikmeter Wasser verfrachtet, mit einer erstaunlichen Geschwindigkeit von etwa 6 Stundenkilometern.

Der Motor der Strömung sind Dichteunterschiede des Wassers an verschiedenen Stellen der Ozeane, bedingt durch Temperaturunterschiede und Unterschiede im Salzgehalt. Salzreiches Wasser ist schwerer als salzarmes Wasser und sinkt – so wie kaltes Wasser schwerer als warmes Wasser ist. Im Nordatlantik gibt es zwei Gebiete, in denen der Golfstrom – hier heißt er nun Nordatlantikstrom – in die Tiefe absinkt. Das vom Süden kommende Oberflächenwasser hat seine Wärme an die Atmosphäre abgegeben, das Wasser verdichtet sich und sinkt ab. In 2000 bis 3000 Meter Tiefe fließen die Wassermassen langsam wieder in Richtung Süden. Eine weitere Antriebskraft sind die Passatwinde, die in der Nähe des Äquators wehen und große Mengen warmen Wassers nach Westen schieben. Die Küste Nordamerikas lenkt den Wasserstrom ab und lässt ihn nach Nordosten driften. Die Passatwinde wiederum sind eine Folge der Erdrotation.

Der Golfstrom ist nur einer von weiteren Meeresströmungen, die insgesamt den gesamten Globus umspannen und für einen langsamen Austausch zwischen den Ozeanen sorgen. Fachleute sprechen von der thermohalinen Zirkulation. An der Oberfläche der Ozeane verdunstet sehr viel Wasser, was zu Wolkenbildung und Regen führt. Gebirge stauen die Wolken und lassen sie ausregnen, während andere Gebiete trocken bleiben. Alle Komponenten des Klimasystems sind vernetzt, stehen in gegenseitigem Einfluss. Das Fehlen oder eine starke Veränderung von nur einer Komponente hätte verheerende Folgen für das Weltklima. Das Klimasystem reagiert langsam auf sich ändernde Bedingungen. Daher würde die Erderwärmung noch eine Zeit lang andauern, selbst wenn es ab heute keine Emissionen an Treibhausgasen mehr gäbe.

Vom Klima zum Wetter

Wenn mich ein Außerirdischer fragen würde, welche Wetterverhältnisse in Berlin herrschen, könnte ich ihm die täglichen Wetteraufzeichnungen der letzten 50 Jahre in die Hand drücken und ihm sagen, dass er sich damit ein Bild machen könne. Das wäre ein großer Stapel an Papier. Viel einfacher wäre eine Zusammenfassung der Wetteraufzeichnungen, etwa die durchschnittliche Temperatur des Jahres oder die Regenmenge eines jeden Monats. Wenn ich regelmäßig während eines Jahres das Thermometer ablese und den Mittelwert der Zahlen bilde, bekomme ich die mittlere Jahrestemperatur. Ich kann auch jeden Tag die höchste und tiefste Temperatur ablesen. Berechne ich den Durchschnitt für einen Monat, erhalte ich die mittlere Höchsttemperatur und die mittlere Tiefsttemperatur dieses Monats.

Um gute Kenngrößen zu bekommen, sollten diese Berechnungen auf der Basis von vielen Jahren beruhen. Ein einzelnes Jahr könnte ja unge-

Klimagröße	Düsseldorf	Berlin	Helgoland	Zugspitze
Mittlere Jahrestemperatur	14,3 °C	9,5 °C	9,0 °C	−4,6 °C
Mittlere Höchsttemperatur Januar	5,0 °C	2,4 °C	3,8 °C	−8,6 °C
Mittlere Tiefsttemperatur Januar	−0,1 °C	−3,0 °C	0,8 °C	−13,6 °C
Mittlere Höchsttemperatur August	23,5 °C	23,4 °C	18,4 °C	5,1 °C
Mittlere Tiefsttemperatur August	13,4 °C	12,1 °C	14,9 °C	0 °C
Mittlere Regenmenge pro Jahr	773 mm	494 mm	719 mm	2003 mm

Tab. 4.1 Klimadaten von vier Wetterstationen in Deutschland. Quelle: www.wetter.de.

wöhnlich warm oder nass sein. In der Klimaforschung ist es üblich, die klimatischen Kenngrößen aufgrund einer Beobachtungszeit von 30 Jahren zu berechnen, etwa die Reihe 1951 bis 1980 oder 1961 bis 1990. Regelmäßige Wetteraufzeichnungen existieren erst seit dem ausgehenden 19. Jahrhundert. So steht auf dem Telegrafenberg in Potsdam das Meteorologische Observatorium, das seit 1893 kontinuierlich Messungen vornimmt. Diese gehören mit zu den längsten Wetteraufzeichnungen der Welt.

Berlin ist nur eine Station. Alle Stationen Deutschlands ergeben ein Bild des Klimas für Deutschland. Wenn wir alle Klimastationen der Welt nehmen, erhalten wir beispielsweise die mittlere globale Temperatur.

Doch verbleiben wir kurz in Deutschland und vergleichen die Klimadaten von vier Stationen: Düsseldorf, Berlin, Helgoland und Zugspitze (Tab. 4.1). Die Angaben beschreiben das lokale Klima der Stationen.
Die Werte sind ziemlich aufschlussreich. Berlin hat ein kontinentales Klima mit viel größeren Temperaturschwankungen als auf Helgoland. Die Insel genießt ein ausgeglichenes und ozeanisches Klima. In Düsseldorf macht sich der Einfluss des Atlantiks bemerkbar, mit weniger tiefen

Temperaturen und mehr Regen als Berlin. Auf der Zugspitze hingegen ist es ungemütlich und wir haben ein typisches Hochgebirgsklima. Die Zahlen in der Tabelle zeigen, dass die Niederschläge meist als Schnee fallen und dass es insgesamt sehr viel mehr Niederschläge gibt als in Berlin.

Die klimatischen Kenngrößen beschreiben also das lokale Klima und geben an, dass wir an den vier Stationen andere Wetterverhältnisse haben. Wetter und Klima haben miteinander zu tun, sind aber zwei verschiedene Dinge. Wetter sind die kurzfristigen Ereignisse in der Atmosphäre wie Regen, Stürme, Wolkenbildung. Wetterereignisse haben viel mit Zufall zu tun. Welche Wetterlagen in einem bestimmten Gebiet auftreten, hängt mit der Gestalt der Landschaft, der Meereshöhe, den vorherrschenden Windrichtungen, der Nähe zu einem Ozean und vielen weiteren Faktoren zusammen. Das Klima dieses Gebietes ergibt sich aus den Mittelwerten zahlreicher Wetterdaten. Klima und Wetter lassen sich mit einem Aktienkurs vergleichen: Die Hochs und Tiefs entsprechen den Wetterereignissen, der langfristige Trend – ausgedrückt etwa durch ein Monatsmittel – entspricht dem Klima.

Der Klimawandel

Die globale Erwärmung ist nicht dasselbe wie der Klimawandel, sie ist aber dessen Ursache. Wir nehmen den Klimawandel durch die Änderungen der Kenngrößen wie Regenmengen und Temperatur wahr, vor allem aber durch die zunehmenden Wetterkapriolen. Die Klimavariabilität nimmt zu. Extremwetterereignisse häufen sich, die Gegensätze werden immer ausgeprägter: außergewöhnlich viel Regen hier, zeitgleich eine außergewöhnliche Dürre auf einem anderen Kontinent. Stürme nehmen zu, nach wochenlanger Periode mit wenigen bis keinen Niederschlägen folgt Starkregen. Das Bild des Wetters ändert sich vor unseren Augen. Die Zufuhr von mehr Wärme durch den verstärkten Treibhauseffekt führt zu mehr Aktivitäten bei den Akteuren des Klimas. Kurz und gut, das Wetter wird turbulenter. Das gesamte Klimasystem reagiert auf den Anstieg an Treibhausgasen.

Die globale Erwärmung bedeutet nicht, dass es überall auf der Erde ein bisschen wärmer wird. Es gibt je nach Region große Unterschiede. So hat zwischen 1900 und 2009 die mittlere Temperatur in hohen Breitengraden ungleich stärker zugenommen als im Rest der Welt. Die Temperatur des Mittelmeeres und des Atlantiks hat im selben Zeitraum stärker zugenommen als die Temperatur des Pazifiks. Auch die Änderung der Niederschläge zeigt geografische Unterschiede. So sind die Regenmengen im Mittelmeergebiet, im südlichen Afrika und im Südwesten der USA in den vergangenen Jahrzehnten deutlich zurückgegangen.

Alle diese Daten zeigen, dass sich bis heute schon sehr viel im Klimageschehen verändert hat. Wir werden davon Zeuge – sowohl durch die unmittelbaren als auch durch die sekundären Folgen.

Die Folgen des Klimawandels

Die unmittelbaren Folgen der globalen Erwärmung und des Klimawandels sind physikalischer Natur und betreffen in erster Linie den Wasserhaushalt. Bereits jetzt sind sichtbare und messbare Veränderungen aufgetreten. Sie umfassen den Gletscherschwund, den Rückgang des arktischen Meereises, das Auftauen von Permafrostböden, das Schmelzen der Eisschilde in Grönland, in geringerem Ausmaß auch in der Antarktis, und den Anstieg des Meeresspiegels.

Diese unmittelbaren Folgen ziehen zusammen mit der Klimaänderung weitreichende Veränderungen in den Ökosystemen der Erde nach sich. Die gesamte Biosphäre ist betroffen und die Lebewesen reagieren auf ganz unterschiedliche Weise auf den Klimawandel. Es sind diese Veränderungen in der Natur, die im Mittelpunkt der nächsten Kapitel stehen. Abgesehen vom Klimawandel beeinflusst auch die Zunahme an Kohlendioxid in der Luft Pflanzen und Tiere direkt, sodass wir ein ganzes Bündel von Auswirkungen haben.

Wir Menschen sind von den unmittelbaren Folgen und den sekundären Veränderungen in der Natur gleichermaßen betroffen. Wetterextreme führen zu Hochwasserschäden und Hitzetoten, der Anstieg des Meeresspiegels zum Untergang von Inselstaaten. Wenn aber beispielsweise die Landwirtschaft unter dem Klimawandel leidet, schlägt sich das auf unsere Ernährung nieder.

DIE FOLGEN

5. WARUM BÄUME NICHT BESSER WACHSEN

Pflanzen und Algen stehen in einem ganz besonderen Verhältnis zum Kohlendioxid, da das Gas für sie das Grundnahrungsmittel schlechthin ist. Ohne Wasser verdurstet eine Pflanze, ohne CO_2 verhungert sie. Das unterscheidet Pflanzen von Tieren, die mit CO_2 nichts anfangen können – zumindest was den Stoffwechsel anbelangt. Doch manche Tiere wie Stechmücken riechen Kohlendioxid und können so ihre Opfer ausmachen.

Wenn Pflanzen direkt CO_2 aufnehmen und davon leben, wie reagieren sie dann auf die Erhöhung der Konzentration des Gases in der Luft und im Wasser? Werden sie überfordert oder wähnen sie sich in einem Schlaraffenland? Der Gehalt an Kohlendioxid in der Luft stieg schließlich in weniger als 200 Jahren sehr rasch an, von 0,028 auf 0,038 Prozent, eine Zunahme um mehr als ein Drittel. Davor war die Konzentration für eine sehr lange Zeit konstant. Zu keiner Zeit während den letzten 2,5 Millionen Jahren war sie so hoch wie heute. Und wenn der menschengemachte Ausstoß an CO_2 weiterhin anhält, wird sich die Konzentration in ein paar Jahrzehnten verdoppelt haben.

200 Jahre sind eine kurze Zeit. Für einen langlebigen Baum wie eine Eiche oder ein Mammutbaum liegen sie sogar innerhalb der Lebensspanne. Viele der alten und uralten Bäume auf der Erde haben den Anstieg des Gases am eigenen Leib erfahren und erlebt.

Wenn Raubtiere wie Löwen oder Hyänen plötzlich Beute in Hülle und Fülle vorfinden würden, hätte das enorme Auswirkungen auf das Verhalten der Tiere. Wahrscheinlich würden sie faul und träge werden, sie würden das Jagen allmählich verlernen und viel mehr Junge aufziehen als vorher. Ihr Aussehen würde bei einem Überangebot an Beute bald gemästeten Schweinen gleichen. Löwen sind darauf eingestellt, dass Beutetiere nicht leicht zu fassen sind und gejagt werden müssen, so war es schon immer.

Zugegeben, der Vergleich ist weit hergeholt. Aber wie die Pflanzen auf ein erhöhtes Angebot an CO_2 reagieren, ist eine zentrale Frage, der sich etliche Pflanzenforscher widmen. Die wichtigste aller Fragen ist, ob Pflanzen bei erhöhtem CO_2-Gehalt besser und rascher wachsen, unabhängig von der Wirkung der Erwärmung des Klimas.

Das wäre schön, wenn Pflanzen das Zuviel an Kohlendioxid einfach aufnehmen und während ihres Wachstums in ihre Biomasse einbauen würden. Dann hätten wir keine Probleme. Die Wälder, Grasländer und Heiden der Erde würden wie ein Schwamm das zusätzliche CO_2 aufsaugen. Eigentlich sollten viele Pflanzen von der heutigen Zeit gleich doppelt profitieren können: zum einen durch das erhöhte Angebot an Kohlendioxid, zum anderen durch bessere Wachstumsbedingungen in einer wärmeren Welt. So wie bei der Gemüseproduktion: In Gewächshäusern kommt eine CO_2-Düngung schon lange zum Einsatz, um den Ertrag etwa von Tomaten und Gurken zu steigern. Die Luft wird mit CO_2 angereichert, sodass die Konzentration etwa 2- bis 3-mal höher ist. Tomaten gedeihen prächtig in dieser künstlichen Turbo-Atmosphäre. Ertragssteigerungen bis zu 30 Prozent sind so möglich.

Geschieht eine solche Stimulierung des pflanzlichen Wachstums auch in der Natur? Die Frage, wie Pflanzen in der Natur auf ein erhöhtes Angebot an CO_2 in der Luft reagieren, beschäftigte Pflanzenphysiologen und Ökologen schon in den 80er-Jahren. Um herauszufinden, ob Pflanzen unter einem erhöhten Gehalt an Kohlendioxid anders wachsen als bei normalen Bedingungen, stehen den Forschern zwei Möglichkeiten zur Verfügung. Entweder sie schauen an Orten, an denen die Luft natürlicherweise überdurchschnittlich viel CO_2 enthält, oder sie machen ein Experiment.

Ein natürliches Experiment

Unweit der malerischen Stadt Siena in Italien liegt die Bossoleto-Quelle, ein Felskessel von etwa 80 Meter Durchmesser. Auf dem Grund des Kessels liegen mehrere Mofetten verstreut, aus denen Kohlendioxid austritt, eine Folge von Vulkanismus. Die Senke in der Landschaft geht wahrscheinlich auf den Einsturz einer Höhle vor mehreren 100 Jahren zurück. Seither strömt beinahe reines CO_2 aus den Mofetten. Besucher dürfen das Gelände nur in Begleitung eines Führers betreten, denn das Kohlendioxid sammelt sich in der Nähe der Mofetten an und kann gefährliche Konzentrationen erreichen. Tiere, die sich hierher verirren, verenden und bleiben für lange Zeit als Kadaver liegen.

Wegen der Senke bleibt das CO_2 vor Ort und wird nicht sofort vom Wind verweht. Es vermischt sich mit der Luft und führt zu einem Gradienten des Kohlendioxidgehaltes von Bodennähe bis zum Rand des Kessels, der von 0,05 bis 0,1 Prozent reicht. Das ist im Vergleich zu den 0,038 Prozent in der heutigen Atmosphäre beträchtlich mehr, entspricht aber ziemlich genau den künftigen Erwartungen der CO_2-Konzentration.

Für Pflanzenforscher ist das ein Segen, denn hier bietet sich die einmalige Gelegenheit, pflanzliches Wachstum unter erhöhter Kohlendioxidkonzentration zu untersuchen. Glücklicherweise wachsen eine ganze Reihe von Pflanzen in dem Felskessel, darunter Gräser, krautige Pflanzen und Eichenbäume. Insgesamt sind es etwa 70 Pflanzenarten, die sowohl im Kessel als auch in der Umgebung bei normaler Luft vorkommen. Das ermöglicht einen direkten Vergleich von Wachstum und anderen Pflanzeneigenschaften.

Christian Körner von der Universität Basel und sein italienischer Kollege Francesco Miglietta vom „Instituto di Biometeorologia“ in Florenz packten in den 90er-Jahren die Gelegenheit beim Schopf und fuhren mit Messgeräten in die Toskana. Sie verglichen die Größe und Blattmerkmale der Gewächse, sammelten Proben für spätere Analysen im Labor und stellten CO_2-Messstationen auf, um ein genaues Bild der Konzentrationen zu bekommen.

Was die Forscher feststellten, erstaunte sie. Manche Pflanzenart wie Hufeisenklee oder Flockenblume wuchsen im Kessel offensichtlich beträchtlich besser, denn sie waren viel größer als außerhalb des Kessels. Andere Arten wie Kugel-Lauch oder Aufrechter Ziest zeigten genau das Gegenteil. Nicht alle Pflanzenarten ziehen also einen Nutzen aus dem erhöhten CO_2-Angebot. Auch die Eichenbäume wachsen nicht viel besser in der Nähe der CO_2-Quelle, wie genaue Jahrringanalysen zeigten. Bäume sind dankbare Studienobjekte, denn die Dicke ihrer Jahrringe verrät viel über das Wachstum der vergangenen Jahre. Sie bewahren für die Forscher Wachstumsvorgänge vergangener Jahrzehnte auf wie in einem Logbuch.

Die Forscher kommen in ihrer Veröffentlichung zu folgendem Schluss: „Es ist ziemlich unwahrscheinlich, dass Wildpflanzen wie die aus unserer Untersuchung in einer CO_2-angereicherten Welt mehr Biomasse bilden" [1]. Damit können sie auch kein überschüssiges Kohlendioxid binden, eine weitreichende Folge!

Nun braucht es freilich noch mehr und genauere Studien zur Rolle pflanzlichen Wachstums unter erhöhtem CO_2-Angebot, um allgemeingültige Schlussfolgerungen ziehen zu können. Die Gegend der Bossoleto-Quelle ist ziemlich trocken und die Vegetation typisch für den Mittelmeerraum, aber kaum mit einem Buchenwald oder einer Bergmatte in den Alpen zu vergleichen. Wie reagieren andere Lebensräume auf eine Zunahme des CO_2?

CO_2-Anreicherungsexperimente

Verschiedenste Forschungseinrichtungen auf der ganzen Welt führen seit den 90er-Jahren Experimente durch, in denen Pflanzen unter einer künstlich erhöhten CO_2-Konzentration aufwachsen. Das sind einerseits Gewächshausversuche, andererseits Freilandversuche, wo mit raffinierten Methoden den Pflanzen zusätzliches Kohlendioxid zugeführt wird. Gewächshäuser sind nicht gerade naturnah, weil die Pflanzen in Töpfen oder großen Behältern angezogen werden und unter sehr künstlichen Bedingungen wachsen. Da sind Freilandversuche viel besser. Zudem können ausgewachsene Bäume nicht in einem Gewächshaus untersucht werden, aber gerade den Bäumen schenken die Pflanzenforscher eine besondere Aufmerksamkeit. Bäume sind für die globale Kohlenstoffbilanz am wichtigsten. Etwa 90 Prozent der gesamten Biomasse des Lebens auf dem Land fällt auf Wälder. Wenn jemand das überschüssige Kohlendioxid binden sollte, dann die Bäume!

Ein acht Jahre langes CO_2-Anreicherungsexperiment hatten Christian Körner und seine Mitarbeiter in einem Wald bei Basel ins Leben gerufen, das „Swiss Canopy Crane Project". Seit 1999 steht ein Baukran inmitten der Bäume, mit dem sich Forscher in einer Gondel zu jedem beliebigen Punkt im Kronendach bringen lassen können. Von 2000 bis 2008 begasten sie die Kronen ausgewählter Bäume mittels eines Systems aus Schläuchen, das zwischen den Zweigen verlegt wurde und aus denen

Kohlendioxid austrat. Die so behandelten Bäume bekamen eine CO_2-Düngung verpasst. Mithilfe genauer Messungen und der Regulierung der Gaszufuhr konnte die Konzentration im Kronenbereich einigermaßen auf 0,055 Prozent eingestellt werden. Der Versuch stieß international auf großes Interesse, denn er war einzigartig – durch die lange Beobachtungszeit, mit Bäumen als Studienobjekte und als Freilandversuch. Die Untersuchungen zum Wachstum unter erhöhten CO_2-Bedingungen fielen allerdings eher nüchtern aus. „Wir zeigen, dass die Bildung von Laub, Blattmerkmale und Stammwachstum bei den untersuchten Waldbäumen durch die erhöhte CO_2-Konzentration während den acht Jahren nicht beeinflusst wurden", schreiben die Forscher [2]. Also keine Effekte. War der große Aufwand umsonst? Mitnichten. Die wissenschaftliche Forschung versucht, Antworten auf Fragen zu bekommen, und wenn behandelte Bäume und Kontrollbäume keinen Unterschied zeigen, ist das ein bedeutendes Ergebnis. Es bestätigt, dass Wälder nicht einfach das überschüssige Kohlendioxid in Biomasse verwandeln können. Ähnliche Befunde zeigten auch andere Experimente. Das wirft die Frage auf, warum Bäume das Überangebot an CO_2 nicht nutzen können. Warum wachsen sie nicht besser, so wie die Tomaten im Gewächshaus?

Es fehlt an anderen Dingen

Die Verhältnisse in der Natur sind komplex und vollkommen anders als in einem Treibhaus. Eine Pflanze braucht zum Leben schließlich noch etliche andere Dinge außer Kohlendioxid, wie Licht, Wasser und Nährstoffe im Boden. In einem Treibhaus werden die Pflanzen optimal versorgt und bekommen alles, was sie brauchen: Dünger, Licht, Wasser und genügend Raum, um sich zu entfalten. In der Natur ist das selten der Fall. Wenn nur von einer der Ressourcen nicht genügend vorhanden ist, nützt das viele CO_2 in der Luft gar nichts.

Dazu kommt noch etwas anderes: Der große Unterschied zwischen einer Tomate im Gewächshaus und einem Baum in der Natur betrifft das Umfeld der Pflanze. Pflanzen an ihren natürlichen Wuchsorten sind in das Beziehungsnetz mit anderen Arten eingebunden. Sie haben viele verschiedene Pflanzenarten in ihrer Nachbarschaft, sie haben mit Tieren wie Bestäubern und Pflanzenfressern zu tun und stecken im Humus, in dem es von Kleinstlebewesen und Mikroorganismen nur so wimmelt. Zudem sind sie durch Wurzelpilze, die Mykorrhizen, mit anderen Pflanzen verknüpft. Unter natürlichen Bedingungen wächst eine Pflanze anders als in einem Gewächshaus, ob mit oder ohne zusätzliches Kohlendioxid. Meist sind die Wuchsbedingungen nicht optimal und die Pflanzen können ihr volles Potenzial nicht ausschöpfen.

Was aber die Forscher bei den vielen CO_2-Anreicherungsexperimenten sehr wohl feststellten, sind Veränderungen, die den Naturhaushalt und die gesamte Lebensgemeinschaft betreffen und langfristig von großer Bedeutung sind.

Eine paradoxe Situation

Zunächst einmal stellte sich heraus, dass die Pflanzen die höhere Menge an CO_2 in der Luft durchaus aufnehmen können. Der Fotosyntheseapparat vermag das erhöhte CO_2-Angebot zu nutzen und bildet mehr Zucker. In der Folge steckt mehr Stärke in den Blättern, weil der Zucker zu Stärke umgewandelt wird. Stärke ist ein wasserlösliches Kohlenhydrat und entsteht laufend durch den Vorgang der Fotosynthese. Er ist der Stoff, aus dem Pflanzen die festen Bestandteile des Pflanzenkörpers aufbauen, wie Zellulose und Lignin im Holz. Vom primären Produkt der Fotosynthese bis zu komplexen Strukturen wie Holz ist es aber ein weiter Weg, der viele Arbeitsschritte erfordert. Das ist vergleichbar mit der Produktion von Elektromobilen auf einem Fließband, wo zahlreiche Handgriffe notwendig sind, um aus den Einzelteilen ein Fahrzeug zu bauen. Angenommen, die Elektromotoren werden schneller angeliefert, als sie verarbeitet werden können, dann erhöht sich die Produktivität insgesamt nicht.

Pflanzen können offensichtlich das Überangebot an CO_2 nicht in die Bildung von Holz und anderen festen Bestandteilen investieren. Das Wachstum eines Baumes erhöht sich nicht. Die Produktion von Zellulose und Lignin kann nicht mithalten. Was aber passiert mit dem aufgenommenen Kohlenstoff aus dem CO_2? Irgendwo muss er ja hin.

Die Forscher konnten zeigen, dass der Kohlenstoff sehr rasch in den Boden wandert. Von den Blättern wird die Stärke in die Wurzeln verlagert, von dort gelangt sie durch die Verrottung von Feinwurzeln in den

Boden. Es fließen auch Kohlenhydrate in die Wurzelpilze, die mit vielen Pflanzenarten eine Symbiose pflegen und Stoffe austauschen. Kurz und gut, der überschüssige Kohlenstoff gelangt in den Boden, kurbelt die Aktivitäten von Mikroorganismen an und gelangt wegen der Bodenatmung in Form von neuem CO_2 wieder in die Luft. So schreiben denn Wissenschaftler in einer der vielen Veröffentlichungen: „Da es keine Zunahme des Wachstums gibt, vermuten wir, dass die zusätzliche Menge an Kohlenstoff aus der Fotosynthese bei erhöhtem CO_2-Gehalt zum größten Teil durch Bodenatmung wieder in die Atmosphäre zurückkehrt“ [3].

Auswirkungen auf Pflanzenfresser

Was die Wissenschaftler oft fanden, sind Veränderungen der Blattqualität, also Veränderungen in der chemischen Zusammensetzung des Pflanzensaftes in den Blättern. Oben haben wir gesehen, dass Blätter in erhöhter Konzentration an Kohlendioxid mehr Stärke enthalten als Blätter in normaler Luft. Es gibt noch weitere Unterschiede: CO_2-begaste Blätter enthalten oft weniger Stickstoff und weniger Eiweiße als unter Normalbedingungen. Das ist für pflanzenfressende Insekten von großer Bedeutung. Blattläuse oder Schmetterlingsraupen sind ausgesprochene Feinschmecker und spüren Unterschiede in der Blattqualität sofort. Das schlägt sich in ihrem Wachstum und in ihrer Vermehrungsrate nieder, wie verschiedene Untersuchungen gezeigt haben. So entwickelten sich Blattläuse auf dem Stumpfblättrigen Ampfer – eine häufige Pflanze auf Wiesen und Weiden – viel besser auf Pflanzen unter erhöhter CO_2-Konzentration als unter Normalbedingungen. Andere Insekten zeigten genau das umgekehrte Muster und profitierten nicht von Pflanzen in erhöhtem Kohlendioxid. Auch beim „Swiss Canopy Crane Project“ haben Biologen die Reaktion von pflanzenfressenden Insekten untersucht. Die Larven des Schwammspinners etwa – ein gefürchteter Forstschädling in Nordamerika – wuchsen auf CO_2-begasten Blättern der Hainbuche viel besser als auf unbehandelten Blättern; auf Eichenblättern war es genau umgekehrt. Alle diese Ergebnisse zeigen, dass es in einer Welt zunehmender Konzentration an Kohlendioxid zu Verschiebungen der Beziehungen zwischen Pflanzen und Tieren kommt – die Auswirkungen der Erwärmung sind hier ausgeklammert. Weil Pflanzenarten und Insektenarten unterschiedlich auf eine höhere CO_2-Konzentration reagieren, wird es zu Veränderungen in deren Häufigkeit kommen, was sich auf andere Organismen auswirken kann. Damit ist die direkte Auswirkung der Zunahme an Kohlendioxid in der Atmosphäre für die Lebensgemeinschaften ebenso wichtig wie die indirekte Auswirkung als Folge der globalen Erwärmung.

Manchmal erleben Forscher auch Überraschungen. Niemand hat erwartet, dass die Mauerassel, ein häufiger Bewohner des Bodens, zwischen CO_2-begasten und nicht begasten Blättern unterscheiden kann. Das Tierchen ist ein Zersetzer und ernährt sich von den Blättern, die vom Baum herunterfallen und als Blattstreu liegen bleiben. Im oben erwähnten Versuch stellten die Biologen fest, dass der Assel Blätter von CO_2-begasten Ahornbäumen besser schmecken als unbehandelte Blätter. Bei Blättern der Rotbuche war es genau umgekehrt, bei Blättern der Eiche machte die Assel keinen Unterschied. Die Veränderungen der Blattqualität setzen sich also bis in den Boden fort und beeinflussen nicht nur die Pflanzenfresser in den Bäumen, sondern auch die Aufräumtruppe am Boden, die Zersetzer.

Lianen profitieren vom CO_2

Pflanzen stehen auch in Beziehung zu anderen Pflanzen. In einem Wald konkurrieren die Bäume um Raum und Licht, was ihr Wachstum beeinträchtigt. Eine Gruppe von Pflanzen, die Bäume arg bedrängen können und offensichtlich einen Nutzen aus einem erhöhten CO_2-Gehalt zieht, sind Lianen. Sie sind in tropischen Wäldern allgegenwärtig und beeindrucken jeden Besucher. Überall hängen Stränge von den Bäumen, armdicke und verwundene Lianen umschlingen Stämme und Äste. Lianen sind von Natur aus extrem schnellwüchsig und versuchen als Keimling, so rasch wie möglich ans Licht in der Baumkrone zu gelangen.

Tropenbiologen, die jahrelang den Regenwald studierten, hatten bereits in den 80er-Jahren an vielen Orten eine Zunahme des Lianenbewuchses festgestellt, in der Alten wie in der Neuen Welt. Könnte das mit der Erhöhung der Konzentration an Kohlendioxid zusammenhängen? Ein Versuch, in dem das Wachstum mehrerer Arten an Lianen aus einem mexikanischen Regenwald unter normalen Bedingungen und unter erhöhtem CO_2-Angebot verglichen wurde, scheint dies zu bestätigen.

Abb. 5.1 Lianen sind ein fester Bestandteil tropischer Regenwälder. Junge Lianen ertragen tiefen Schatten, wachsen rasch und können einen erhöhten CO_2-Gehalt in der Luft ausnutzen, um üppiger zu wachsen.

Manche Lianen legten ordentlich an Biomasse zu, wenn sie zusätzliches CO_2 bekamen. Noch ist es zu früh, das beobachtete Lianenwachstum auf diesen Effekt zurückzuführen. Wenn aber mehr CO_2 das Wachstum der Lianen fördert, kann das Folgen für den tropischen Regenwald haben: Zu viele Lianen auf einem Baum machen ihn unstabil und können ihn stürzen lassen. Zumindest ist das Wachstum des Baumes herabgesetzt. Auch hier haben wir eine direkte Auswirkung von zu viel CO_2 auf ein ganzes Ökosystem.

Weitreichende Konsequenzen

Thema dieses Kapitels waren direkte Auswirkungen einer erhöhten Konzentration an CO_2 auf pflanzliches Wachstum und die Folgen für den gesamten Lebensraum. Alle die Vorgänge, die ich geschildert habe, werden selbstverständlich auch von der globalen Erwärmung und ihren Nebenwirkungen beeinflusst. Man kann die beiden Prozesse – Erwärmung und Erhöhung von CO_2 – nur in einem Experiment getrennt betrachten. In der Natur laufen beide ab und beeinflussen sich gegenseitig. Das macht langfristige Prognosen zur Entwicklung eines Lebensraumes wie einem tropischen Regenwald so schwierig. Die vielen Einzeluntersuchungen in einer künstlich mit CO_2 angereicherten Luft zeigen aber klar, dass auch ohne Klimawandel die Zunahme an Kohlendioxid in der Atmosphäre für einigen Tumult im Naturhaushalt sorgt. Selbst wenn es keinen menschengemachten Klimawandel gäbe, blieben immer noch die direkten Auswirkungen von zu viel CO_2 auf das Leben.

In Studien, wie ich sie hier erwähnt habe, können nur eine oder ganz wenige Arten untersucht werden. Mauerassel, Schwammspinner, Blattläuse und ein paar Baumarten sind nicht gerade viele Arten. Sie stehen aber stellvertretend für viele andere Arten, die in ähnlicher Weise leben und somit auch ähnliche Reaktionen zeigen. Daher ist klar, dass eine Zunahme des CO_2-Gehaltes in der Atmosphäre langfristig zu weitreichenden Änderungen in allen Ökosystemen führen wird. Die vielen Einzelreaktionen von Pflanzen und Tieren addieren sich zu starken Veränderungen des Lebensraumes. Wie stark diese Änderungen ausfallen, hängt von den Arten ab, vom Bodentyp und vom lokalem Klima. Die Artenzusammensetzung vieler Lebensräume wird sich ändern, auch so wichtige Vorgänge wie die Zersetzung abgestorbener Pflanzen und Tiere. Wie sich die Folgen langfristig zeigen, wissen wir nicht.

Ich möchte zur eingangs gestellten Frage zurückkehren, ob Wälder durch das Mehr an CO_2 in ihrem Wachstum stimuliert werden und so der Atmosphäre mehr CO_2 entziehen. Das scheint nicht der Fall zu sein. Soll also das menschengemachte CO_2 durch Pflanzen gebunden werden, gibt es pragmatisch gesehen nur eine Lösung: Keine Bäume mehr fällen und neue Bäume in die Landschaft setzen. Waldrodungen und insbesondere Brandrodungen müssten sofort eingestellt werden, ebenso die Zerstörung von Hochmooren und anderen Feuchtgebieten. Großflächige Aufforstungen müssten in kurzer Zeit entstehen.

Angesichts der andauernden Zerstörung vor allem tropischer Regenwälder fällt es schwer, optimistisch zu bleiben. Selbst wenn sämtliche gerodeten Flächen wieder aufgeforstet werden würden, vergingen mehrere Jahrzehnte oder gar Jahrhunderte, bis die Bäume genügend Kohlenstoff in ihren Stämmen eingelagert haben. Es sind die alten und dicken Bäume, die wirksam im Speichern von Kohlenstoff sind. Dennoch machen Aufforstungen Sinn, aber die einzig wirksame Lösung kann nur in einer Verminderung des Ausstoßes liegen.

Zudem macht die globale Erwärmung den Wäldern zunehmend zu schaffen, vor allem die Trockenheit. Es kommt in verschiedenen Gebieten zu einem weitreichenden Waldwandel.

6. WENN EICHEN KIEFERN ERSETZEN

In der Schweiz spielt sich ein lautloses und durch seine Langsamkeit kaum wahrgenommenes Drama ab: Im Wallis werden die prächtigen Kiefernwälder an den Berghängen des Rhonetals durch Eichen ersetzt – ohne dass jemand die Kiefern fällen und Eichenbäume pflanzen würde. Ein Wechsel des Bühnenbildes: Nadelbäume werden von Laubbäumen abgelöst. Was geht hier vor?

Schauen wir uns doch die beiden Protagonisten des Dramas etwas näher an. Die Gewöhnliche Kiefer oder Föhre (*Pinus sylvestris*) ist ein robuster Nadelbaum, der in der Natur an Extremstandorten wächst. Also an Orten, wo sich anspruchsvollere Baumarten nicht wohlfühlen, wie sonnige und trockene Felshänge, aber auch Ränder von Hochmooren. Diese zwei ziemlich gegensätzlichen Lebensräume zeigen, dass die Waldkiefer von Natur aus einen breiten Toleranzbereich aufweist, aber auf Extremstandorte verdrängt wird. An günstigen Standorten unterliegt sie der Konkurrenz durch andere Baumarten wie Buche. Die Flaumeiche (*Quercus pubescens*) – um diese Art geht es hier – wächst ebenfalls gerne an sonnigen und steinigen Hängen. Bei uns ist der wärmeliebende Baum selten und seine Vorkommen in Deutschland beschränken sich auf das Rheintal und ein paar weitere Niederungen.

Das Rhonetal und seine Seitentäler sind die trockenste Gegend der Schweiz, weswegen die Kiefer auch die vorherrschende Baumart ist. Zu Beginn der 90er-Jahre stellten Förster Schäden an den Bäumen fest – Nadelverlust, Befall von Pilzen und Schädlingen – und viele abgestorbene Bäume. Mit 15 bis 20 Prozent toter Bäume war die Absterberate überdurchschnittlich hoch. Auch in anderen Trockentälern der Alpen hatten Förster ähnliche Beobachtungen gemacht. Der Trend hält an, und Forstwissenschaftler sehen einen Zusammenhang mit den zunehmend heißen Sommern in den betroffenen Gebieten.

Der Wald ändert sein Antlitz

Die Geschehnisse im Wallis werden seit langer Zeit genau untersucht und so stellen die Walliser Kiefernwälder ein selten gut dokumentiertes Beispiel der Auswirkung des Klimawandels auf Wälder dar. Wetterdaten belegen, dass die Anzahl heißer Sommertage seit 1980 im Wallis zunimmt. Die Stadt Visp etwa verzeichnete 1980 22 Hitzetage, 2006 um die 40. Und im Hitzesommer von 2003 waren es gar 77.

Überdurchschnittlich heiße Sommer setzen den Kiefern zu, vor allem, wenn mehrere hintereinander folgen. Das schwächt die Bäume und macht sie anfällig für Schädlinge und Krankheiten. Im Falle der Walliser Kiefernwälder sind dies einerseits Mistelbefall, andererseits Befall durch den Bläuepilz und die Ausbreitung von Nematoden, kleinen Fadenwürmern, die ins Holz eindringen. Erhebungen vor Ort zeigten, dass Misteln, Pilze und Fadenwürmer tatsächlich die geschwächten Bäume besiedeln, was eine eindeutige Schlussfolgerung zulässt: Die Trockenheit als Folge des Klimawandels schwächt die Bäume, dann folgen die Schädlinge. Die Kiefer ist zwar trockenresistent, doch auch für sie wird irgendwann einmal der Wassermangel zu viel.

Was in der Folge der beschriebenen Ereignisse geschieht, bezeichnen Förster als Baumartenwechsel. In den Kiefernwäldern machen sich zunehmend Laubbäume breit, allen voran die trockenresistente Flaumeiche. Sie vermag mit Trockenheit besser umzugehen als die Wald-Kiefer und tritt in Waldlücken auf, die durch abgestorbene Kiefern entstanden sind. Das führt dazu, dass aus dem Nadelwald allmählich ein Laubwald entsteht. Ein Prozess, der schätzungsweise 80 bis 140 Jahre in Anspruch nimmt, doch der in vollem Gang ist. Ein Vergleich alter und neuer Inventarisierungen der Bäume zeigt eine deutliche Zunahme der Flaumeiche.

Hat der Wechsel eine Bedeutung?

Wälder spielen für den Naturhaushalt und für uns eine enorm wichtige Rolle. Sie regulieren das lokale Klima, reinigen die Luft, liefern Holz und andere Naturprodukte, bieten Erholung und sie speichern Kohlendioxid. Etwa ein Drittel der weltweiten Landfläche wird von Wäldern eingenommen; auch in Deutschland haben wir einen Flächenanteil von etwa 33 Prozent Wald.

Die Walliser Bergwälder erfüllen zudem eine wichtige Schutzfunktion, weil sie Lawinen und Steinschlag aufhalten, den Boden vor Erosion schützen und zudem Erholungsraum für viele Menschen sind. Die Kiefernwälder gehören zum Landschaftsbild und beherbergen eine einzigartige Artenvielfalt. Ist der Wechsel zu einem Laubwald daher ein Grund zur Besorgnis? Immerhin handelt es sich um die natürliche Reaktion des Waldes auf die höheren Temperaturen – eine Entwicklung, die kaum aufzuhalten ist. Die Frage stellt sich aber, ob der künftige Wald in seinem neuen Antlitz die Schutzfunktion weiterhin erfüllen kann.

Forstwissenschaftler meinen, dass ein intakter Laubwald oder Laubmischwald genauso gut vor Lawinen und Steinschlag schützt wie ein Kiefernwald. Das Problem ist, dass das Kiefernsterben schneller voranschreitet, als Eichenbäume heranwachsen und sich ausbreiten können. Der Wald wird lückig und kann seine Schutzfunktion nicht optimal entfalten. Vielleicht nur vorübergehend, doch Förster denken an waldbauliche Maßnahmen wie die Förderung von Kiefernjungwuchs durch das Anlegen lichtreicher Schneisen sowie das gezielte Ansäen und Auspflanzen von Bäumen.

Beispiele von Waldveränderungen wie im Wallis gibt es überall. Im Südwesten der USA beobachtet Craig Allen vom „U.S. Geological Survey" schon lange, dass die Kiefern- und Douglasienwälder auf ausgedehnten Flächen wegen Trockenheit geschwächt werden. In der Folge sterben die Bäume wegen Wassermangel ab oder fallen wiederholt Feuer und Schädlingen zum Opfer. Wie sich die Vielfalt an Waldtypen weltweit in Zukunft ändern wird, weiß indes niemand. Jede Baumart reagiert anders auf den Klimawandel, und regionale Unterschiede in der Veränderung des lokalen Klimas machen Prognosen schwierig. Sicher ist nur, dass sich die Artenzusammensetzung vieler Wälder ändert, und dies in kurzer Zeit.

Die ökonomischen Folgen des Waldwandels

Schutz vor Schnee und Geröll sind nur eine der vielen Nutzungen eines Waldes – in Bergregionen sicher eine der wichtigsten. Wie steht es um die Holzproduktion unter dem Einfluss des Klimawandels?

Wenn wir Europa betrachten, werden die Wälder größtenteils bewirtschaftet und liefern den Rohstoff für die Holzindustrie. Nun unterscheiden sich verschiedene Baumarten stark in der Qualität und in den Verwendungszwecken des Holzes. Nicht jede Baumart ist etwa für die Möbelherstellung geeignet. Wenn wir den durchschnittlichen Holzpreis betrachten, schneidet von den häufigeren Baumarten Europas die Fichte oder Rottanne am besten ab, gefolgt von der Rotbuche. Den geringsten Wert haben Hölzer südeuropäischer Bäume wie die Zerreiche oder die Aleppo-Kiefer.

Der Forstwissenschaftler Marc Hanewinkel von der Universität Freiburg und Kollegen sind der Frage nachgegangen, wie sich die Waldbestände in Europa unter dem Einfluss des wärmer werdenden Klimas verändern und welche Bedeutung die Veränderungen für die Holzindustrie haben. Es ist eine Prognose, basierend auf Änderungen der Verbreitungsgebiete der Baumarten einerseits und der Entwicklung des Holzwertes andererseits. Die Autoren der Studie kommen zum Schluss, dass „die vorhergesagten Änderungen in Temperatur und Niederschlägen starke ökonomische Folgen haben könnten" [1]. Der Grund sei die Abnahme ökonomisch wertvoller Hölzer in Europa. Ein wärmer werdendes Klima führt zu einem Rückgang von Fichten- und Buchenwald und zu einer Zunahme von Eichenwäldern, vor allem im südlichen Teil Europas. Laut Klimaprognosen werden in Nordeuropa die Winter weniger kalt, in Süd- und Osteuropa hingegen nehmen die Sommertemperaturen zu. Die Niederschläge werden in Mittel- und Nordeuropa im Winter zunehmen, im Sommer aber in Mittel- und Südeuropa abnehmen. Dies alles beeinflusst die Verbreitungsgebiete der Baumarten und es wird zu Änderungen wie beim Walliser Kiefernwald kommen.

In den Wäldern beobachten Förster und Wissenschaftler aber auch ein anderes Phänomen. Es kommt zunehmend zu Vorgängen, die sich in den Walliser Kiefernwälder als Pilzbefall und Schädlingsbefall bemerkbar machen. Ökologen sprechen von Störungen und sind überzeugt, dass sie künftig an Häufigkeit zunehmen werden. Auch sie wirken sich ökonomisch aus.

Zunahme an Störungen

Windwurf, Wald- und Buschbrände, Erdrutsche, Hochwasser, Dürreperioden und Insektenmassenvermehrungen sind zunächst einmal ganz natürliche Phänomene, die es auf der Erde seit Millionen von Jahren gibt und in jedem Lebensraum vorkommen. Solche ökologischen Störungen rufen in kurzer Zeit massive Veränderungen in der Vegetation hervor, die mit einer lokalen Zerstörung einhergehen. Hochwasser reißen Bäume mit, starke Winde knicken ganze Wälder um, Feuer verwandelt eine Waldfläche in eine Brandfläche. Zu diesen meist wetterbedingten Ursachen gesellen sich biologische Ursachen wie die Massenvermehrung des Borkenkäfers. So dramatisch die unmittelbaren Folgen von Störungsereignissen aussehen, sie gehörten schon immer zur Natur. Ein natürlicher und gesunder Wald verkraftet Störungen ohne Weiteres. Eine Windwurffläche oder ein Stück Wald, das vom Borkenkäfer heimgesucht wurde, präsentiert nach ein paar Jahren ein vollkommen anderes Bild: der Boden mit frischem Grün bedeckt, viele junge Bäume, ein artenreicher Jungwald. Die Regeneration ist in vollem Gange. Das gilt auch für Brandflächen, die sich erstaunlich rasch wieder begrünen.

Natürliche Störungen fördern die Artenvielfalt, weil sie Platz machen für neue wie lichtliebende Pflanzenarten, die entsprechenden Tierarten, und weil sie für eine natürliche Waldverjüngung sorgen. Viele Lebensräume der Erde hängen etwa vom Feuer ab oder bestehen überhaupt nur durch immer wiederkehrende Buschbrände, wie Savannen und Steppen. Pflanzenarten wie die Kanarische Kiefer haben sich an Feuer angepasst, indem sie eine überaus dicke Rinde bilden. Ein Hochwasser entwickelt eine zerstörerische Kraft, bringt aber auch nährstoffreiche Sedimente. Alles ist aber eine Frage der Dosis. Treten ökologische Störungen zu häufig auf, kann ein Wald sie nicht mehr verkraften.

Nun bedürfen meine Ausführungen freilich einer Zusatzerklärung. Ich spreche hier von Vorgängen in der freien und unbesiedelten Natur. Eine Verharmlosung von solchen Schadensereignissen liegt mir fern. In unserer dicht besiedelten Kulturlandschaft sind selbstverständlich Hochwasser und Waldbrände kein Segen, ganz im Gegenteil. Eben weil wir die Menschen in unseren Flussniederungen nicht umsiedeln und Küstenstädte nicht ins Landesinnere verlagert werden können, um Flutopfer und Sachschäden zu verhindern, geht uns der Klimawandel alle etwas an.

Der Klimawandel und die globale Erwärmung verstärken natürliche Störungsereignisse, was für uns eine ganz direkte Bedeutung hat. Ist ein normales Hochwasser schon schlimm genug, sind die Überschwemmungen oder die Waldbrände der letzten paar Jahre echte Naturkatastrophen.

Natürliche Störungen unterliegen einem sogenannten Störungsregime, das die Häufigkeit und die Intensität der Störungen beschreibt. Im Falle von Feuer wären dies beispielsweise die Anzahl der Brände während zehn Jahren und die Größe der betroffenen Flächen. Auch Windwurf kann oft oder selten auftreten, ebenso Hochwasser und all die anderen Störungen.

Was Förster und Forstwissenschaftler an vielen Orten in den letzten paar Jahrzehnten beobachten, ist eine Änderung des Störungsregimes. Die Ereignisse werden häufiger. Es sieht ganz danach aus, dass der heutige Klimawandel zu einer Verschiebung der natürlichen Störungsregime führt, meist zu einer Zunahme der Häufigkeit. Das ist der unnatürliche Aspekt, der sich nachteilig auf Mensch und Natur auswirken kann. Die lokalen Klimabedingungen beeinflussen direkt das Ausmaß einer Störung, wie Tabelle 6.1 zeigt. Ändert sich das Klima, ändern sich auch die Rahmenbedingungen für Störungen.

Im Südwesten der USA haben in den letzten paar Jahrzehnten die Waldbrände enorm zugenommen, sowohl die Anzahl der Brände als auch das Ausmaß der Brandflächen. In den nördlichen Rocky Mountains gab es im Zeitraum von 2003 bis 2012 etwa 9-mal mehr Waldbrände als im Zeitraum von 1973 bis 1982, wie eine genaue Analyse zeigt. Die gesamte Brandfläche ist im selben Zeitraum auf das 30-Fache angestiegen [2]. Mehr noch, die Feuer treten früher im Jahr auf und die Feuersaison dauert im Vergleich zu früher länger. Im Zeitraum von 1973 bis 1982 dauerte die Feuersaison in der kalifornischen Sierra Nevada durchschnittlich 65 Tage im Jahr, im Zeitraum von 2003 bis 2012 waren es 140 Tage. Anthony Westerling vom „Sierra Nevada Research Institute" sieht die Gründe in der allgemeinen Erwärmung und der früheren Schneeschmelze im Frühjahr. Beides führt zu stärkerer Trockenheit in der warmen Jahreszeit. Wer im Sommer in den prächtigen Nadelwäldern der Sierra Nevada wandert, kann sich das gut vorstellen. Der Boden ist staubig und trocken, die Luft ebenso, totes Holz liegt reichlich herum. Ein Blitz genügt, und das Feuer ist entfacht. Aber nicht nur in den trockenen Wäldern

Art der Störung	Was der Klimawandel beeinflusst
Feuer	Feuchtigkeitsgehalt des Holzes, Blitzhäufigkeit, Windgeschwindigkeit
Dürre	Dauer und Häufigkeit
Windwurf	Windstärke und Dauer von Starkwinden
Schneelast und Eisregen	Häufigkeit von Schneefall und gefrierendem Regen
Insekten	Vermehrung und Fraßverhalten durch hohe Temperaturen
rankheitserreger (Pilze, Viren)	Wachstum und Vermehrung durch hohe Temperaturen

Tab. 6.1 Störungen in Wäldern und wie sie durch die globale Erwärmung beeinflusst werden. Nach Seidl et al. (2017).

Nordamerikas nehmen Waldbrände zu – eine Übersichtsarbeit berichtet solche Trends aus allen fünf Kontinenten.

Bei ökologischen Störungen ist das Zusammenspiel verschiedener Faktoren besonders wichtig, aber gerade deswegen ist der Zusammenhang mit dem Klimawandel nicht ohne Weiteres ersichtlich. Einen Waldbrand oder eine Insektenkalamität sehen wir, eine zunehmende Temperatur sehen wir nicht. Daher sind statistische Betrachtungen so wichtig, wie bei den Extremwetterereignissen. Störungsereignisse sind kaum vorhersehbar, weil der Zufall mitspielt. Bei den Störungen beeinflussen sich zudem verschiedene Faktoren gegenseitig. Insektenfraß kann die Schäden durch Starkwinde verstärken und Pilzbefall mindert die mechanische Stabilität eines Baumstammes.

Abb. 6.1 Waldbrände zerstören den Wald und bilden große Mengen an Kohlendioxid. Studien belegen, dass die Häufigkeit von Waldbränden weltweit zunimmt.

Waldwandel in Deutschland

Waldbrand im Zusammenhang mit dem Klimawandel hat in Deutschland als mitteleuropäisches Land kaum eine Bedeutung. Der Wald ändert sich aber auch bei uns, was die Zusammensetzung der Baumarten und das Auftreten von Störungen anbelangt. Deutschlands Wälder werden bis auf ein paar wenige Ausnahmen wie Bannwälder und Naturwälder in Nationalparks bewirtschaftet. Die Aufrechterhaltung der Waldfunktionen wie Holzproduktion wird eine Änderung der Waldbewirtschaftung nach sich ziehen. So ist es gut möglich, dass künftig die Rotbuche in Bayern höhere Lagen besiedelt und forstlich gefördert wird. Für die Fichte wird in tieferen Lagen hingegen das sogenannte Anbaurisiko verschärft, weil dann die klimatischen Bedingungen für den Baum nicht optimal sind. Über Verbreitungsmuster von Baumarten und klimatische Prognosen lassen sich künftige Anbauflächen berechnen. Demnach würden geeignete Anbauflächen für die Fichte in Baden-Württemberg bis zum Jahr 2100 um 93 Prozent abnehmen. Die natürlichen Verbreitungsgrenzen der drei Baumarten Stieleiche, Traubeneiche und Wald-Kiefer werden sich bis 2100 deutlich weiter nach Osten und Norden erstrecken. Mit anderen Worten, das Bild des deutschen Waldes wird sich ändern – und zwar stark.

Mit der Änderung der Baumarten gehen auch andere Änderungen einher, weil je nach vorherrschender Baumart eine ganz andere Fauna den Wald besiedelt. In einem Eichenwald leben andere Insekten als in einem Fichtenwald. Verbunden mit einem wärmer werdenden Klima können sich künftig Arten ausbreiten, die bisher ein Mauerblümchendasein fristeten. Es werden auch neue Arten einwandern, die heute in den wärmeren Teilen Europas zu Hause sind. Ob sich darunter künftige Schädlinge befinden, ist schwer zu sagen. Forstwissenschaftler gehen aber davon aus, dass der Kieferholznematode oder der Schwarze Nutzholzborkenkäfer sich auch in Deutschland ausbreiten werden. Das sind weitreichende Konsequenzen und die Forstwirtschaft wird ihre Form der Waldbewirtschaftung anpassen müssen.

Abgesehen von direktem Nutzen, den wir aus intakten Wäldern ziehen, stellen sich auch angesichts des wärmer werdenden Klimas Fragen für den Naturschutz. Seltene und schützenswerte Wälder sind unter Umständen in ihrem Bestehen gefährdet, weil die Bedingungen für die Bäume ungünstig werden. Ein besonders eindrückliches Beispiel stammt aus Kalifornien.

Der Nebel schwindet

Im Hochsommer kann es in San Francisco, Kalifornien, richtig kalt sein. Dicke Nebelschwaden ziehen vom Pazifik landeinwärts, verdecken die Sonne, stauen sich aber an den Küstenbergen. Es ist ein Schauspiel der besonderen Art, von einer Anhöhe dem Nebel zuzusehen, wie er sich über Hügel wälzt und in Täler fließt. Das ist eine klimatische Besonderheit im sonst heißen und sonnigen Kalifornien, die durch den kalten Pazifik und die vorherrschende Windrichtung begünstigt wird.

Und an dieser nebelreichen Küste wachsen die größten Pflanzen der Erde. Der Küsten-Mammutbaum (*Sequoia sempervirens*) wird über 100 Meter hoch und bildet im Norden Kaliforniens auf einem schmalen Küstenabschnitt ganze Wälder, die jeden Besucher in den Bann ziehen. Die schlanken Bäume mit ihrer rötlichen Rinde ragen kerzengerade in den Himmel, irgendwo in der Höhe erblickt man die Baumkrone. Die größeren Bäume stehen schon zwischen 500 und 1000 Jahren hier. Am Boden ist es feucht, kühl und dämmrig. Nur wenige Pflanzenarten wachsen auf dem Waldboden, ein paar Farne, manchmal zeigt sich ein Sauerklee. Das Klima ist das ganze Jahr über ausgewogen – milde und feuchte Winter, kühle und feuchte Sommer. Nur unter solchen Bedingungen konnten sich die Baumgiganten überhaupt im Laufe der Stammesgeschichte bilden. Einst war der Küsten-Mammutbaum weit verbreitet, doch die Eiszeiten haben die Bestände stark schrumpfen lassen. Die heutigen Vorkommen an der Pazifikküste sind Relikte, die hier in einem eisfreien Rückzugsgebiet bis heute überdauern konnten.

Das robuste Holz der Bäume ist begehrt und viele alte Bäume fielen

Abb. 6.2 Der Küsten-Mammutbaum in Kalifornien wird über hundert Meter hoch und ist die höchste Baumart der Welt. Weil der Baum auf Nebel angewiesen ist, macht ihm der Klimawandel zunehmend zu schaffen.

in den letzten 100 Jahren den Sägen zum Opfer. Heute stehen die letzten Reste unter Schutz. Der „Redwood Nationalpark“ gehört sogar zum UNESCO-Welterbe.

Der Baum hängt vom Nebel ab, der für ein erträglich kühles Lokalklima sorgt. Würde den ganzen Tag die Sonne auf die Bäume brennen, würden sie sehr viel Wasser verdunsten und bekämen bald Trockenstress. Zudem fangen die Nadeln den Nebel auf, er tropft herunter oder fließt am Stamm nach unten und sorgt für genügend Bodenfeuchtigkeit. Im Sommer fällt hier so gut wie kein Regen, da sind die Nebelbänke höchst willkommen.

Doch der Nebel fällt zunehmend aus. Zwei Wissenschaftler der „University of California“ in Berkeley analysierten Wetterdaten zu Nebelvorkommen und Temperaturen für den Zeitraum von 1951 bis 2008 – für das Gebiet eine lange Zeitreihe. Sie stellten eindeutige Trends fest: Zu Beginn des 20. Jahrhunderts war die Häufigkeit der Nebeltage um rund ein Drittel geringer als in der Zeit davor. Im Sommer 1951 gab es im Schnitt während rund 15 Stunden am Tag Nebel, im Sommer 1997 nur während 6,5 Stunden.

Was bedeutet dies für die berühmten „Redwoods“? Weil die Bäume langlebig sind und ein Alter von über 1000 Jahren erreichen können, sind Prognosen schwierig. Falls sich der Klimawandel nachteilig auswirkt, verläuft die Reaktion des Riesenwaldes langsam. Wir können nicht Zeuge davon werden, wir müssten nach mehreren 100 Jahren die Wälder untersuchen und mit dem heutigen Zustand vergleichen. Halten die oben beschriebenen Trends jedoch an, steht außer Zweifel, dass das langfristige Überleben der Bäume gefährdet ist. Ein Küsten-Mammutbaum ist auf ein gleichmäßiges Lokalklima eingestellt und erträgt keine starken Abweichungen. Das zeigten auch Untersuchungen an Keimlingen des Baumes. In einem Gewächshaus haben Biologen Keimlinge auf einem trockenen und einem normalen, feuchten Waldboden herangezogen und stellten eine starke Verminderung des Wachstums fest, wenn die jungen Bäumchen nicht genügend Feuchtigkeit haben. Das Beispiel veranschaulicht die ganze Problematik des Artenschutzes angesichts eines sich ändernden Klimas. Die majestätischen Bäume werden sich kaum an das trockenere Klima anpassen können, und verpflanzen lassen sich die Bäume auch nicht.

Herausforderung für den Naturschutz

Doch zurück nach Deutschland. Wälder, die wie im Bayerischen Nationalpark unter Schutz stehen, dürfen nicht bewirtschaftet werden. In den Kernzonen darf auch kein aktives Management von ökologischen Störungen betrieben werden, wie die Bekämpfung des Borkenkäfers. Da der Wald wegen seiner Natürlichkeit erhalten wird, sollen auch keine standortfremden Bäume gepflanzt werden. Das hat langfristig Folgen und führt zu schwierigen Entscheidungen zur Zukunft der geschützten Wälder. „Für die Biodiversität bedeutet dies, dass an kühl-feuchte Bedingungen angepasste Arten wie die Fichte zurückgedrängt werden, während wärmeliebende Arten bevorzugt werden“, erklärt Marc Hanewinkel. Was dies im Einzelnen für die Artenvielfalt bedeutet, ist schwer absehbar.

7. TAUWETTER IM HOHEN NORDEN

„An der Forschungsstation Samoilov im Lena-Delta haben Wissenschaftler erstmals Lärchen entdeckt. Ein Novum." So heißt es in einer Mitteilung des Alfred-Wegener-Institutes [1]. Eine einsame Lärche steht inmitten der arktischen Tundra, jenseits der nördlichen Baumgrenze. Hier gehören doch keine Bäume hin! Daher staunten die Wissenschaftler der Universität Kasan in Russland nicht schlecht, als sie im Juni 2014 eine etwa 70 Zentimeter hohe und schätzungsweise 20 Jahre alte Lärche auf der Insel Samoilov fanden. Die Insel liegt im Lena-Delta, dem größten Flussdelta in der Arktis, im Nordosten Russlands gelegen. Die mittlere Jahrestemperatur beträgt gerade einmal –13 °C, im Juli steigen die Temperaturen auf 6 bis 9 °C. Kein baumfreundliches Land, hier wachsen nur Zwergsträucher, Gräser, ein paar krautige Pflanzen und viele Flechten. Und doch konnte offensichtlich vor 20 Jahren ein zufällig angekommener Lärchensame keimen und zu einem Bäumchen heranwachsen.

Auf der Insel steht eine russische Forschungsstation, 1998 gegründet, die von deutschen Wissenschaftlern des Alfred-Wegener-Institutes regelmäßig besucht wird. Seit 2013 stehen modern eingerichtete Gebäude zur Verfügung, die einen ganzjährigen Aufenthalt erlauben, während davor nur ein paar Holzhäuser in den Sommermonaten benutzt werden konnten.

Die modernen Gebäude der Station und die alten Holzhäuser haben etwas gemeinsam: Sie stehen auf Pfählen. Das ist notwendig, denn hier herrscht Permafrostboden vor. Unterhalb der Bodenoberfläche ist alles durchgefroren. Es mag widersprüchlich klingen, aber im kurzen Sommer wird Permafrostboden zu einer ziemlich matschigen Angelegenheit. Das konnte ich selbst während einer Exkursion nach Nordschweden sehen: Der aufgetaute Boden wird zu einem weichen, beinahe flüssigen Gemenge, zu einem Sumpf, in dem man förmlich stecken bleiben kann. Alles, was stehen bleiben soll, muss mit Pfählen im harten Dauerfrost verankert werden.

Permafrostböden und ihre Veränderungen stehen auch im Mittelpunkt der russisch-deutschen Forschungszusammenarbeit. Die Wissenschaftler stellen fest, dass sich in der baumlosen Tundra Erstaunliches tut. Auch außerhalb der Insel Samoilov verändern sich Permafrostböden zusehends.

Dauerfrost in der Tiefe

In einem Permafrostboden ist der Untergrund durchgefroren, wobei die Mächtigkeit der gefrorenen Schicht sehr unterschiedlich sein kann. Die Begrenzung erfolgt nach unten durch den ungefrorenen Untergrund, nach oben durch den Auftauboden. Das ist die Schicht, die in den Sommermonaten auftaut.

Permafrostböden kommen in den Polargebieten vor, der größte Anteil liegt auf der Nordhalbkugel. Hier macht er etwa 23 Prozent der Landfläche aus. Geografisch gehören große Teile von Nordkanada, Alaska, Grönland und Ostsibirien dazu. Der Boden ist meist von einer baumlosen Kältesteppe bewachsen, die sich aus niedrigen Sträuchern, Flechten, Moosen und Gräsern zusammensetzt. Aber nicht nur, denn erstaunlicherweise stehen auch Teile der nördlichen Nadelwaldzone – die Taiga – auf Permafrostböden. In den Hochgebirgen gibt es ebenfalls Permafrostböden.

Der Bereich durchgefrorenen Bodens ist je nach Lage unterschiedlich mächtig. In Sibirien reicht der Permafrost bis in eine Tiefe von 1500 Meter, in Skandinavien nur bis zu 20 Meter. Die Gründe dafür sind die Eiszeiten. Sibirien erfuhr nie größere Vergletscherungen, wodurch der Boden dauernd der kalten Luft ausgesetzt war und durchfrieren konnte. In Skandinavien hingegen schützten die mächtigen Eisschilde den Boden, sodass der Permafrost nicht so tief eindringen konnte. Aber auch das lokale Klima hat einen Einfluss auf die Verhältnisse des Permafrostes.

Der Auftauboden zeigt ebenfalls große Unterschiede. In Polnähe sind es nur wenige Zentimeter der Bodenoberfläche, in Sibirien mehrere Meter. Jahr für Jahr geschieht hier ein Wechsel in der Konsistenz des

Bodens, von hart bis zu butterweich. Das ist der Grund, warum es zu ein paar spannenden Phänomenen in Permafrostgebieten kommt, wie etwa dem Frostmusterboden. Wasser dehnt sich beim Gefrieren aus, wird also im Volumen größer. Das Wasser im Auftauboden kann während des Sommers nicht nach unten versickern, da stößt es auf die durchgefrorene Schicht. Beides führt im ständigen Wechsel von Tauen und Frieren in einem komplizierten Prozess zu gemusterten Böden, die regelmäßige Strukturen aufweisen. Da zeigen sich kissenförmige Erhebungen im Boden, Steinringe oder Steinstreifen am Rande von bewachsenen Stellen. Auch das Bodenfließen – oder Solifluktion – ist eine Folge des bodennahen Auftauens.

Permafrostböden existieren natürlich auch in den Gebirgen. In den Alpen zeigen sie sich oberhalb von etwa 2200 Meter Höhe. Hier wirken sie an Steilhängen oft genug als Kitt, der den Boden zusammenhält. Auch das Eis in den Ritzen und Klüften steiler Felshänge ist der Zement, der das Gebirge zusammenhält. Das Wahrzeichen der Schweiz, das Matterhorn, würde auseinanderbröckeln, wenn Fels und Eis nicht gemeinsam einen festen Verbundwerkstoff bilden würden. Obwohl solches Klufteis und nackter Fels nicht direkt mit Böden zu tun haben, schließe ich sie in meine Betrachtungen mit ein, denn der Klimawandel betrifft auch sie.

Erstaunlich ist, dass Permafrost auch an wenigen Stellen auf dem Ozeanboden auftritt. Die bekanntesten Gebiete liegen nördlich von Russland in der Laptewsee, ein Randmeer des Nordpolarmeeres. Das Eis im Ozeanboden ist ein Relikt der Eiszeiten. Man kann davon ausgehen, dass der Meeresspiegel damals niedriger war und das heutige Kontinentalschelf daher kalter Luft ausgesetzt war, sodass sich Permafrost ausbilden konnte. Das zurückkehrende Meerwasser nach der Eiszeit war zu kalt, um das Eis auftauen zu lassen.

Die globale Erwärmung und der Klimawandel beeinflussen alle drei Permafrostvorkommen: auf den Landflächen in Polnähe, in den Gebirgen und auf dem Ozeanboden. Die Auswirkungen sind dabei einerseits mechanischer Natur und am besten mit Zerfall zu beschreiben, andererseits biologischer Natur durch Freisetzen einer Unmenge an Treibhausgasen.

Kettenreaktion im Boden

Was passiert, wenn die Temperatur steigt und der Permafrostboden auftaut? In der Arktis wird es zunehmend wärmer. Vielenorts lässt sich beobachten, dass der gefrorene Boden taut. Ein deutlich sichtbares Zeichen in bewaldeten Gebieten über Permafrost sind Bäume, die nicht mehr kerzengerade stehen, sondern sich in alle möglichen Richtungen neigen. Im Englischen „drunken trees“ oder betrunkene Bäume genannt, verraten sie, dass im Untergrund eine Eisinsel abtaut, wodurch der Boden unstabil wird und die Bäume aus der Bahn geworfen werden.

Auf der Insel Samoilov und an vielen weiteren Stellen haben Polarforscher Thermometer und andere Messgeräte in der Tiefe versenkt. Inzwischen besteht ein dichtes Messnetz auf der Nordhalbkugel, das wichtige Daten zu den Permafrostböden liefert. In einem Bohrloch von 21 Meter Tiefe auf Samoilov zeichnet sich seit Beginn der Temperatur-

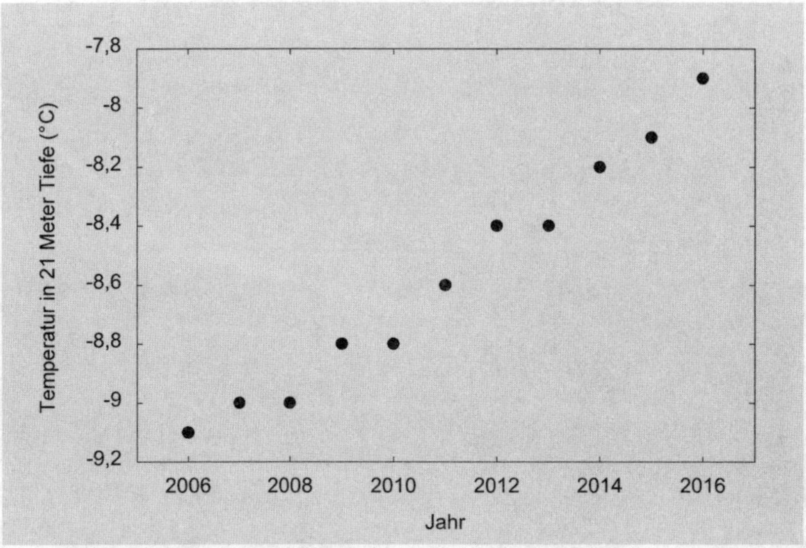

Abb. 7.1 Temperaturerhöhung in 21 Meter Tiefe eines Permafrostbodens. Die Daten zeigen die mittlere Jahrestemperatur am Grund eines Bohrloches in der russischen Tundra. Nach [2].

messungen im Jahr 2006 ein eindeutiger Trend ab: Die mittlere Jahrestemperatur hier unten nahm in 10 Jahren kontinuierlich von –9,1 °C auf –7,9 °C zu [2]. Eine kleine Änderung, aber sie zeugt vom Wärmerwerden des Bodens an der Oberfläche. In solch einer Tiefe bleibt die Temperatur eigentlich konstant, wenn nicht ein starker Einfluss von oben wirkt. Es sieht ganz danach aus, als würde die Wärme allmählich in tiefere Schichten vordringen.

Messreihen wie diese existieren erst seit Kurzem. In Alaska beobachten Forscher aber schon seit einiger Zeit eine Degradation des Permafrostbodens. Am Rande von Birkenwäldern stehen großflächig abgestorbene Bäume in einem Sumpf, weil sie im Sommer zu viel Wasser unter die Füße bekommen haben. Die Flächen verwandelten sich in nasse Lebensräume, was die Anwesenheit typischer Wasserpflanzen wie Fieberklee und Teich-Schachtelhalm beweist. Solche Bilder zeigen den Forschern, dass die Degradierung schon lange in Gang ist und vor etwa 100 bis 150 Jahren eingesetzt haben muss. Die Klimadaten der Stadt Fairbanks untermauern dies, denn zwischen 1906 und 1998 hat die mittlere Jahrestemperatur um 1,2 °C zugenommen. Für die Ökologie der Permafrostgebiete ist besonders wichtig, dass die Sommertemperaturen zunehmen, während die Wintertemperaturen keine großen Änderungen zeigen.

Ein Team von US-amerikanischen Wissenschaftlern machte in einem Gebiet Alaskas eine genaue Bestandsaufnahme der verschiedenen Lebensräume und verglich die Vorkommen mit alten Aufzeichnungen und Luftbildern. Solche Quellen sind von unschätzbarem Wert und oft die einzige Möglichkeit, langfristige Veränderungen aufzeigen zu können. Die Forscher kamen zum Schluss, dass die Degradierung des Permafrostes zu einer radikalen Veränderung der Ökosysteme führen würde. Grund sei das Absterben von Birkenwäldern und ihre Ablösung durch krautige Vegetation. Wald ginge zurück, dafür würden sich vermehrt Moore und Seen entwickeln, was einen großen Einfluss auf die Vegetationsdynamik hat [3].

Abb. 7.2 Alaska und andere Gebiete des Permafrostes werden nasser, wenn das Eis im Boden schmilzt. Die Folgen sind absterbende Birkenwälder.

Solche Beobachtungen vor Ort führen direkt zu den Folgen, die mit einem vermehrten Ausstoß von Treibhausgasen aus auftauenden Permafrostböden zu tun haben.

Ein riesiger Kohlenstoffspeicher

Permafrostböden enthalten enorme Mengen an Kohlenstoff in Form abgestorbener Pflanzenteile, wie Blätter, Zweige, Äste und ganze Baumstämme – halb oder gar nicht zersetzt und im Eis eingefangen. Dazu liegt noch jede Menge Kohlenstoff in wasserlöslichen Verbindungen ebenfalls tiefgefroren vor. Sie erinnern sich an Kapitel 3, wo ich über den Kohlenstoffkreislauf gesprochen habe? Lange Zeit haben Forscher die Menge an Kohlenstoff im Permafrost unterschätzt, weil Bodenproben nur aus den oberen Schichten genommen und analysiert wurden. Die neuere Forschung hat aber gezeigt, dass organisches Material weit tiefer hinabreicht. Über die Jahrhunderte oder gar Jahrtausende konnten sich organische Reste bis in mehrere Meter Tiefe ansammeln und verharren seither in einem Zustand wie in einem Tiefkühlfach. Heute gehen Forscher davon aus, dass Permafrostböden etwa 1700 Gigatonnen Kohlenstoff enthalten – das sind 3-mal mehr als in früheren Schätzungen.

Wenn Permafrostboden auftaut, geschehen sehr viele Dinge. Zunächst entweicht eine größere Menge an Methan, das im gefrorenen Boden eingeschlossen ist. Der Ursprung dieses Methans geht auf Bakterien zurück, die selbst unter 0 °C langsam ihren Stoffwechsel betreiben können. Über die Zeit reichert sich das Gas an und wird zu einem großen Vorrat. Eine Gruppe US-amerikanischer Wissenschaftler holte sich Proben aus Alaska und taute sie im Labor auf. Dabei erfassten die Forscher das Ausdünsten von Methan und Kohlendioxid. Schon während den ersten zwei Tagen stieg die Menge an Methan rapide an, ging dann aber wieder zurück. Stattdessen trat vermehrt Kohlendioxid aus den Bodenproben. Rätselhaftes geht hier vor sich!

Die Untersuchung der Wissenschaftler zusammen mit vielen weiteren Studien zeichnet folgendes Bild: Wenn Permafrostboden sich erwärmt und das Eis auftaut, setzt eine ganze Kette von Lebensvorgängen ein. In erster Linie erwachen Bakterien oder sie werden vermehrt aktiv. Ein bakterieller Stoffwechsel wird hochgefahren, der das organische Material im

Boden zersetzt. Methanbildende Bakterien sind in solchen Böden reichlich vorhanden und bilden ihr Methan, andere Bakterien nutzen diesen Stoff als Energiequelle und bauen es in Kohlendioxid um. Die Folge ist, dass dem aufgetauten Boden beide Treibhausgase entströmen. Der Kohlenstoff gelangt durch die Zersetzung in die Atmosphäre.

Die große Frage ist, wie viel des gebundenen Kohlenstoffs in die Luft abgegeben wird, und über welchen Zeitraum. Da braucht es noch genaue Untersuchungen der Polarforscher und vor allem sehr viel mehr Bodenproben aus dem gesamten Verbreitungsgebiet von Permafrostböden. Erste Schätzungen liegen aber vor. Forscher rechnen mit einer Gesamtmenge zwischen 30 und 63 Gigatonnen Kohlenstoff, der bis zum Jahr 2040 aus aufgetauten Permafrostböden in Form von Kohlendioxid oder Methan entweichen kann. Das sind pro Jahr etwa 1,4 bis 2,9 Gigatonnen. Ein Vergleich mit Abbildung 3.1 zeigt, dass diese Menge nicht an die Menge heranreicht, die durch Verbrennen fossiler Energieträger entsteht. Dieser Prozess ist nach wie vor die größte Quelle unserer Aktivitäten. Dennoch kann das Auftauen der Permafrostböden nicht vernachlässigt werden und die entstehenden Treibhausgase werden die globale Erwärmung verstärken.

Ein Auftauen des Permafrostes bedeutet dabei nicht, dass die gesamte Menge an gefrorenem Wasser im Boden schmilzt. Die Mächtigkeit des Auftaubodens nimmt aber zu, weil die Wärme bis in tiefere Schichten vordringt. Zudem beginnen die oberen Schichten im Sommer früher zu tauen. Das Ausmaß dieser Vorgänge in den unendlichen Weiten der Tundra und Taiga ist indes noch nicht genau erfasst.

Das Gestein bröckelt

In den Alpen bedeutet ein Auftauen von Permafrost in erster Linie Unstabilität von Fels und Steilhängen. Die Naturgefahren nehmen zu, angefangen von Murgängen bis zu Steinschlag. Natürlich geschehen auch in den Permafrostböden der Gebirge Veränderungen im Stoffwechsel, wie ich sie oben geschildert habe, aber der geringe Flächenanteil solcher Böden trägt kaum zu einem Anstieg an Treibhausgasen bei. In den Gebirgen stellen sich ganz andere Probleme.

Beispielsweise in der Schweiz: Für das Alpenland mit den höchsten

Gipfeln des gesamten Alpenbogens rechnen Klimaforscher mit einer durchschnittlichen Erwärmung von 2 bis 3 °C bis 2050; die Niederschläge im Sommer würden abnehmen und im Winter zunehmen. Hinzu kommen häufigere Extremwetterereignisse wie Starkregen und Hitzewellen. Das alles beeinflusst die Stabilität von alpinen Permafrostböden und Felspartien. Nun sind Naturereignisse wie Lawinen, Hochwasser und Murgänge unvorhersehbare und alles in allem seltene Ereignisse, die schon seit Menschengedenken zum Lebensraum der Alpen gehören. Christoph Marty und Kollegen vom schweizerischen WSL-Institut für Schnee- und Lawinenforschung bringen es aber auf den Punkt: „Da größere Naturereignisse selten und unregelmäßig auftreten, ist es schwierig, anhand der Vergangenheit bereits einen Einfluss der Klimaänderung nachzuweisen, jedoch ebenso wenig lässt sich ein solcher ausschließen" [4].

Die bisherigen Klimaaufzeichnungen sprechen aber eine deutliche Sprache und machen einen Zusammenhang zwischen der Häufigkeit von Naturereignissen und dem Klimawandel wahrscheinlich. So hat in Davos im Kanton Graubünden die mittlere Temperatur der Wintermonate Dezember bis Februar seit 1877 zugenommen. Im Gegensatz zum hohen Norden wirkt sich die Erwärmung in den Alpen auf alle Jahreszeiten aus. Die mittlere Schneehöhe hat in den letzten 60 Jahren ebenfalls deutlich abgenommen, vor allem in mittleren und tiefen Lagen.

Beim Schmelzen von Permafrost ist die Dauer einer Wärmeperiode viel entscheidender als die absoluten Temperaturwerte. Es braucht eine genügend hohe Wärmesumme, um das Eis unter der Erdoberfläche oder im Fels abtauen zu lassen, was durch anhaltende Temperaturen über 0 °C am ehesten bewerkstelligt wird. Im Hitzesommer 2003 traten in den Alpen an vielen Orten unübersehbare Felsstürze auf: in der Schweiz etwa in der Eigerwand am 6. und 17. August, am Matterhorn am 15. Juli und an der Drus am 8. August. Über Wochen anhaltende hohe Lufttemperaturen mit Nächten über 0 °C führten zum Auftauen des Permafrosts und zu einem massiven Stabilitätsverlust der Felsen.

Es ist aber nicht das auftauende Eis alleine. Wie der Glaziologe Stephan Gruber von der Universität Zürich darlegt, dehnt sich der Fels durch die Erwärmung aus und bekommt dadurch Risse. Und noch ein unerwarteter Mechanismus spielt eine Rolle: Durch das schmelzende Eis ist in den Felsen mehr Wasser in Bewegung. Kann es nicht abfließen, sammelt es sich an bestimmten Stellen an. Sinkt die Temperatur unter 0 °C, gefriert das Wasser und sprengt dann den Fels, weil sich gefrierendes Wasser ausdehnt. Das sind ganz natürliche Prozesse, die schon seit Jahrtausenden in den Bergen der Welt ablaufen und zur allmählichen Erosion der Gebirge führen. Durch den Klimawandel werden diese Prozesse aber beschleunigt und eine Zunahme der Häufigkeiten an Felsstürzen und anderen geologischen Vorgängen lässt sich nicht abstreiten. Die Geologin Luzia Fischer von der Universität Zürich kommt in einer Analyse von Ereignissen an Felsstürzen und Steinschlag im Alpenraum über die letzten 100 Jahre zu folgendem Schluss: „Dreizehn großvolumige Ereignisse wurden während den letzten dreißig Jahren dokumentiert. Im Gegensatz dazu wurden zwischen 1900 und 1980 nur acht Ereignisse von vergleichbarem Ausmaß beobachtet und festgehalten" [5]. Für Geologen bedeuten großvolumige Felsabbrüche etwa 100 000 bis über 1 Million Kubikmeter bewegten Fels. Man kann davon ausgehen, dass solche dramatischen Ereignisse auch in früheren Zeiten schriftlich festgehalten wurden.

Felsstürze und Steinschlag stellen eine Gefahr für Berggänger und Bauten jeglicher Art im Hochgebirge wie Berghütten oder Seilbahnstationen dar. Daher haben Geologen schon seit geraumer Zeit an vielen Orten Löcher in den Fels gebohrt und Temperaturfühler sowie Dehnungssensoren platziert. Die kritischen Stellen der Berge werden überwacht, wie etwa auf dem Jungfraujoch, dem „Top of Switzerland". Im Fels der „Sphinx", einem schmalen Felsgrat, auf dem eine hochalpine Forschungsstation errichtet wurde, zeigen die Messgeräte eine zunehmende Dehnung des Felsen seit 1994 an. Es sind nur etwa 3 Millimeter innerhalb von 10 Jahren, die von den Messsonden registriert wurden. Doch der stetige Trend zeigt, dass es Bewegung in den Felsmassen gibt.

Nun ist klar, dass in den Alpen nicht nur das Auftauen von Permafrost vermehrte Naturgefahren bedeutet. Wenn Gletscher sich zurückziehen, hinterlassen sie steile und ungeschützte Moränen, die anfällig für Murgänge werden. So sind Schutthalden an Steilhängen aus grobem Material und mit einem Neigungswinkel von mehr als 38 °C nur stabil, solange die Hohlräume zwischen den Steinen mit Eis durchsetzt sind. Eine Erwärmung kann daher zu Steinlawinen führen.

Viele kleine Gletscher werden in den kommenden Jahrzehnten verschwinden. Im freiwerdenden Gletschervorfeld können sich manchmal Seen bilden, die ihrerseits eine Gefahr darstellen. Ferner begünstigen Extremwetterereignisse die Bildung von Großlawinen, Hangrutschungen und Überschwemmungen, die auch die tieferen Lagen betreffen. Alles in allem werden die Naturgefahren durch die zunehmende Erosion der Berge – geologisch gesehen sind die geschilderten Ereignisse Ausdruck des beständigen Abtragens der Berge – zunehmen und entsprechende Maßnahmen wie die Errichtung von Schutzdämmen und Lawinenschutz erfordern.

Nach dem Exkurs in die Alpen geht es zur einsamen Lärche auf der russischen Insel Samoilov zurück. Für die Polarforscher ist klar, dass sich wegen der Erwärmung die Baumgrenze nach Norden verschiebt. Maßgebend ist auch hier eine möglichst lange warme Periode, die das Frühjahr und den Sommer verlängert. Neben den Höchstwerten der Temperatur spielt die Dauer einer Jahreszeit eine wesentliche Rolle. Es kann gut sein, dass eines Tages ein prächtiger Lärchenwald auf der heute baumlosen Tundra steht. Dann werden sehr viele Bäume Kohlendioxid aufnehmen und den Kohlenstoff in ihr Holz einbauen. Bis es so weit ist, dauert es aber eine Weile. Vorher wird das Auftauen der Permafrostböden für erheblichen Tumult sorgen, der für uns Menschen nicht gerade von Vorteil ist.

8. DIE LANDWIRTSCHAFT, TÄTER UND OPFER ZUGLEICH

Das Eis auf Grönland schmilzt nur so dahin, der Süden der Rieseninsel hat sich seit den 80er-Jahren dramatisch verändert. Das Land wird immer wärmer, Grönland wird seinem Namen gerecht und wird zu Grünland. Wo sich die Gletscher zurückziehen, sprießen bald Pflanzen auf den Moränen. Erik Thorvaldsson, der Gründer der ersten skandinavischen Siedlung im Jahr 985, hätte seine Freude angesichts der zunehmenden Fruchtbarkeit. Freude haben auch die heutigen Bewohner der größten Insel auf Erden. „Wir können hier mittlerweile Kartoffeln anbauen und Freiland-Erdbeeren heranziehen“, sagte Anders Iverse, Leiter der Landwirtschaftlichen Versuchsanstalt in Upernaviarsuk, in einem Interview [1]. Sommertemperaturen von über 20 °C sind keine Seltenheit mehr und die Sommer sind lang genug, um auch Gemüse anbauen zu können. Die Regierung möchte die Landwirtschaft ankurbeln, die Menschen sind in Aufbruchstimmung und freuen sich auf frische Milch, Brokkoli und Chinakohl. Man kann ihnen das nicht übel nehmen. Wenn ich auf Grönland geboren wäre, würde ich mich wahrscheinlich auch darüber freuen, wenn die Lebensumstände günstiger werden.

Auch in Kanada tut sich Erstaunliches. Dank des Klimawandels hat sich der Süden des Landes bereits so stark erwärmt, dass Farmer nicht nur Mais und Sojabohnen pflanzen können, sondern auch Pfirsichbäume. Eine ganz neue Entwicklung – Kanada ist doch das Land des Zuckerahorns und riesiger Getreidefelder, aber kein Pfirsichland. Und dennoch könnten künftig kanadische Pfirsiche auf den Markt kommen.

In den USA hingegen machen die heißen Sommer vielen Farmern zunehmend zu schaffen. Die Erträge gehen zurück, es herrscht Wasserknappheit – nicht nur in den USA. Russland erlitt im Jahr 2010 wegen anhaltender Trockenheit einen Ernteverlust von 40 Prozent beim Weizen, eine enorme Einbuße. Im selben Jahr führte ein außergewöhnlich starker Monsunregen in Pakistan zu verheerenden Überschwemmungen, die 14 Millionen Menschen betrafen. Der Hitzesommer 2003 bescherte Italien einen Ernteverlust von 36 Prozent bei Mais. Und die Bauern in Deutschland mussten im Sommer 2017 mitansehen, wie sich ihre Felder durch den vielen Regen in Schlammpfützen verwandelten.

Die zwei Seiten des Klimawandels

Ist des einen Freud des andern Leid? Wahrscheinlich schon. Für den Klimawandel ist es bezeichnend, dass er sowohl Freude als auch Leid bringt. Weil der Klimawandel eine globale Angelegenheit ist, sollte der Gerechtigkeit halber auch eine globale Bilanz aufgestellt werden: Wie viele Nutznießer stehen wie vielen Geschädigten gegenüber?

Kein Sektor unserer Wirtschaft wird so stark und direkt vom Klima beeinflusst wie die Land- und Forstwirtschaft. Getreide, Obstbäume, Baumwolle und all die anderen Feldfrüchte reagieren dramatisch auf Extremwetterereignisse. Auch Rinderherden, die von Weidegräsern abhängen, sind von den klimatischen Verhältnissen und Ausrutschern betroffen. Die Medien berichten allzu oft von Dürre und Überschwemmungen, von Frosteinbrüchen und Hitzewellen. Da wird klar, dass der Klimawandel insgesamt mehr Schaden als Nutzen bringt.

Ich beschränke mich in diesem Kapitel auf Pflanzen, sind sie doch Verbraucher von Kohlendioxid und stehen am Beginn jeder Nahrungskette. Welche Herausforderungen stellen sich heute der Pflanzenproduktion angesichts des Klimawandels und der Zunahme an Treibhausgasen?

Die zwei Seiten der Landwirtschaft

Die Landwirtschaft sichert die Welternährung und befindet sich in einer Zwickmühle, weil sie Täter und Opfer zugleich ist. Einerseits ist sie eine der wichtigsten Quellen von Methan, einem der klimawirksamsten Treibhausgase. Somit trägt die moderne Landwirtschaft zum Klimawandel direkt bei. Andererseits ist sie selbst von den Auswirkungen des Klimawandels betroffen, wenn Felder vertrocknen oder überflutet werden. Eine paradoxe Situation und eine doppelte Herausforderung, gerade angesichts einer steigenden Weltbevölkerung und dem Ziel, den Hunger zu bekämp-

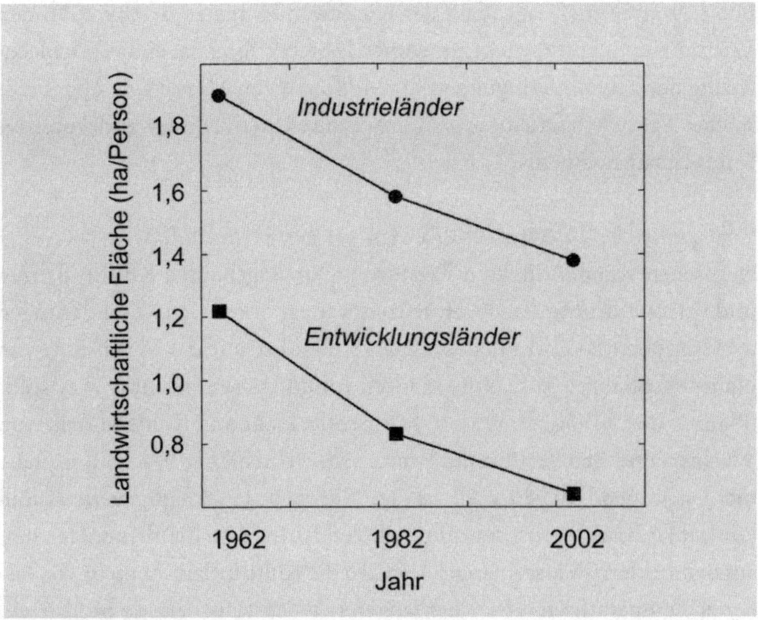

Abb. 8.1 Die landwirtschaftliche Fläche pro Kopf hat in den meisten Ländern stark abgenommen. Die Produktion auf den zur Verfügung stehenden Flächen muss also gesteigert werden, um eine wachsende Weltbevölkerung ernähren zu können. Nach WBGU (2009).

fen. Zudem sollen auch noch Energiepflanzen angebaut werden, möglichst schonend und ohne großen Flächenverbrauch. Eine schier unlösbare Aufgabe!

Das „World Food Programme“ spricht von 702 Millionen Menschen, die in extremer Armut leben, und von 793 Millionen Menschen, die unterernährt sind und an Hunger leiden. Die Veränderungen der Temperatur- und Niederschlagsverhältnisse und die Zunahme an Extremwetterereignissen als Folge des Klimawandels stellen für die künftige Sicherstellung der Welternährung eine ernste Gefahr dar.

Der Klimawandel betrifft in erster Linie die arme Bevölkerung in den Entwicklungsländern – darin sind sich alle großen Organisationen wie FAO, WHO und die Vereinten Nationen einig. Wenn das „World

Food Programme“ sagt, dass der Klimawandel bis zum Jahr 2050 den Welthunger um 20 Prozent zunehmen lässt, bedeutet das eine Verschlechterung der Lebensbedingungen für Millionen von Menschen. Angesichts solcher Tatsachen scheint es geradezu zynisch, dem Klimawandel positive Seiten abzugewinnen!

Wie wirkt der Klimawandel auf die Landwirtschaft?
Abgesehen von der direkten Zerstörung von angebauten Kulturpflanzen und von Weidegründen durch Extremwetter wirken sich Veränderungen der Temperatur- und Niederschlagsverhältnisse auf das Wachstum von Nahrungspflanzen aus. Nutzpflanzen funktionieren genauso wie Wildpflanzen und benötigen Wasser, Nährstoffe, Licht und Kohlendioxid zum Wachsen und Bereitstellen der Ernte. Fällt während der Wachstumsphase nicht genügend Regen oder ist der Regen unregelmäßig verteilt und kommt als Starkregen vom Himmel, verkleinert sich die Ernte. Herrscht auf den Feldern Wassermangel, können die Kulturpflanzen nicht von höheren Temperaturen oder einer längeren Wachstumsperiode profitieren.

Beim Anbau von Getreide, Gemüse oder anderen Feldfrüchten macht es daher einen riesigen Unterschied, ob ein Feld künstlich bewässert wird oder nicht. Wird Wasser in genügender Menge zugeführt, können die angebauten Pflanzen durchaus von einem wärmeren Klima profitieren. In all den Fällen ohne künstliche Bewässerung hingegen hängen die Erträge vom Wetter ab. Weltweit werden 80 Prozent der landwirtschaftlich genutzten Anbauflächen nicht bewässert, die Kulturpflanzen sind also auf Regen angewiesen. In Südamerika beträgt der Anteil 90 Prozent, in Afrika sogar 95 Prozent. Diese Zahlen machen klar, dass die Landwirtschaft vom Klima abhängt und gegenüber Wetterextremen empfindlich ist. Doch auch die künstlich bewässerten Kulturen, seien es Felder oder Gewächshäuser, werden vom Klimawandel beeinflusst. Das Wasser muss ja schließlich irgendwo herkommen. Oft werden Flüsse angezapft, deren Pegelstand aber wiederum von den Niederschlägen abhängt.

Nun gibt es Missernten und Ernteausfälle, seit der Mensch vor etwa 10 000 Jahren begonnen hat, Ackerbau zu betreiben. Trockenheit, Staunässe und das Auftreten von Schädlingen waren schon immer die wichtigsten Plagen der Landwirtschaft. Der Klimawandel wird solche Ereignisse aber fördern, so die Prognosen der Klimaforschung – der Trend hat sich in den letzten paar Jahrzehnten bereits deutlich abgezeichnet. Hitzewellen und Trockenheit auf der einen Seite, Starkregen mit Überflutungen auf der anderen Seite werden künftig zunehmen und die Pflanzenproduktion erschweren.

Wenn die Ackerkrume schwindet

Dürre und Überschwemmungen gehen mit einem Phänomen einher, das in der öffentlichen Diskussion zu wenig Aufmerksamkeit bekommt, einer nachhaltigen Landwirtschaft aber entgegensteht: der Bodenerosion. Darunter versteht man alle Vorgänge, die Bodenmaterial ablösen, verfrachten und andernorts wieder ablagern. Wind wirbelt Staub auf und bläst Bodenpartikel fort, Wasser schwemmt den Boden kurzerhand weg. Es liegt auf der Hand, dass die Bodenerosion in ihrem Ausmaß durch den Klimawandel verstärkt wird. Durch den Verlust des Bodens werden die Produktionsfähigkeit und das Wasserspeichervermögen stark beeinträchtigt, was sich in geringeren Erträgen und zunehmend degradierten Böden bemerkbar macht.

Nun verbindet man Bodenerosion und Degradierung des Bodens am ehesten mit trockenen Gebieten, die außerdem durch Überweidung geschädigt wurden. Doch Bodenerosion geschieht weltweit, selbst in Ländern mit einem gemäßigten Klima. In vielen Fällen ist es allerdings schwierig, verstärkte Bodenerosion eindeutig dem Klimawandel zuzuschreiben, weil andere Faktoren wie Aufgabe von Farmland, schlechte Bewirtschaftung und Überweidung ebenfalls stark zur Bodenerosion beitragen. Die zunehmende Bodendegradierung im Mittelmeerraum ist nach Meinung einer spanischen Gruppe von Wissenschaftlern auf diese Gründe zurückzuführen [2]. Es herrscht jedoch einhellig die Meinung, dass der Klimawandel das Problem verschärft.

Auch in Deutschland hat das Thema an Bedeutung zugenommen. Bodenerosion ist ein schleichender und wenig wahrgenommener Vorgang, der nicht erst in unserer Zeit begann. Seit dem frühen Mittelalter wurde auf ackerbaulich genutzten Hängen Deutschlands durchschnittlich ein halber Meter Boden durch Erosion abgetragen [2]. Da die natürliche Bodenbildung ein äußerst langsamer Prozess ist – etwa 0,1 Millimeter pro Jahr –, geht der Boden rascher verloren, als er ersetzt werden kann. Bodenverlust bedeutet langfristig die Herabsetzung der Fruchtbarkeit unserer Böden.

Böden sind zudem wichtige Speicher für Kohlendioxid. Ein Kubikmeter Boden in den gemäßigten Klimazonen nimmt bis zu 300 Liter Wasser auf und darin kann sich CO_2 lösen. Das Speichervermögen hängt aber stark vom Wassergehalt ab. Ein trockener Boden speichert daher beträchtlich weniger Kohlendioxid als ein feuchter Boden. Somit haben wir eine Rückkopplung mit dem Klimawandel: Vermehrte Trockenheit vermindert die Speicherkapazität der Böden für Kohlendioxid, wodurch das nicht gespeicherte CO_2 in der Atmosphäre bleibt und zur Erhöhung der Konzentration beiträgt.

Zunahme an CO_2: Fluch oder Segen?

Wachsen Weizen & Co. besser, wenn der Gehalt an Kohlendioxid in der Atmosphäre ansteigt? Sie erinnern sich an die CO_2-Anreicherungsexperimente, die ich in Kapitel 5 erwähnt habe. Natürlich haben Wissenschaftler auch Getreide und andere Feldfrüchte untersucht und sich gefragt, wie sie auf eine höhere Kohlendioxidkonzentration reagieren. In unzähligen Tests haben sie das Wachstum wichtiger Nutzpflanzen unter normalen Bedingungen und bei erhöhtem CO_2-Angebot verglichen. Auch hier stand die Frage im Zentrum, ob Weizen, Mais, Reis und andere wichtige Feldfrüchte wie Sojabohnen in ihrem Wachstum stimuliert werden, also künftig mehr Erträge liefern, sofern die Anbaubedingungen optimal sind.

Hendrik Poorter vom Forschungszentrum Jülich hat die Daten vieler Einzeluntersuchungen zu 19 landwirtschaftlichen Nutzpflanzen zusammengetragen. Alles in allem reagierten die Nutzpflanzen tatsächlich positiv auf die Erhöhung des Gehaltes an Kohlendioxid und legten mehr Biomasse zu. Die Reaktion war aber je nach Art ganz unterschiedlich: Augenbohne, Baumwolle und Karotte verdoppelten ihre Biomasse, während Erbse und Weizen weitaus weniger zulegten.

Nun hat das Ganze einen Haken. Die Biomasse – das Gewicht der gesamten Pflanze – ist nicht unbedingt ein Maß für den Ertrag. Beim Weizen oder Mais nutzen wir nur die Samen für unsere Ernährung, nicht den Rest der Pflanze, bei Karotten nur die Pfahlwurzel. Viele Nutzpflanzen investieren den zusätzlichen Kohlenstoff in den Aufbau des Stützapparates, Stängel und Verzweigungen, und in den Aufbau von mehr Blättern, aber nicht unbedingt in Samen und Früchte. Angekurbeltes Wachstum überträgt sich also nicht zwingend auf den Ertrag.

Ein anderer Aspekt betrifft die Ernährungsqualität der Feldfrüchte, wenn sie bei hoher CO_2-Konzentration heranwachsen. Im Jahr 2014 erschien in der renommierten Fachzeitschrift „Nature" ein Artikel mit der Überschrift: „Die Zunahme an CO_2 gefährdet die Welternährung" [3]. Eine Schlagzeile, die Angst macht! Den Autoren ging es aber um ein physiologisches Phänomen, das nicht außer Acht gelassen werden darf – insbesondere bei der Weiterentwicklung von Sorten. Es sieht so aus, dass sich die Qualität der Feldfrüchte verschlechtert, wenn der CO_2-Gehalt ansteigt. Weizen verkommt gleichsam zu faden und gehaltlosen Körnern.

Die Wissenschaftler haben die Daten vieler Einzeluntersuchungen zur Nahrungsqualität von Feldfrüchten zusammengetragen und verglichen. Sie konzentrierten sich dabei auf den Eiweißgehalt sowie den Gehalt an Eisen und Zink, weil ein großer Teil der Bevölkerung an Eisen- und Zinkmangel leidet, vor allem in den Entwicklungsländern. Die Daten stammten aus verschiedenen CO_2-Anreicherungsexperimenten in Australien, Japan und den USA. Die Ergebnisse waren in den Augen der Autoren eindeutig: In fast allen Fällen verminderte sich der Gehalt der drei Nährstoffe. Weizenkörner enthielten etwa 9 Prozent weniger Zink im Vergleich zu Normalbedingungen, Reis etwa 8 Prozent weniger Eiweiß und Mais 6 Prozent weniger Eisen. Eine neuere Studie über die Reaktion von Weizen auf die Zunahme von CO_2 bescheinigte eine kleine Zunahme des Ertrags, konnte aber die Verminderung der Nahrungsqualität bestätigen.

Ähnlich verhielt es sich bei der Kartoffel, wie Petra Högy, Professorin an der Universität Hohenheim, zeigen konnte. Bei hoher CO_2-Konzentration bildeten Testpflanzen zwar mehr Knollen, aber die Knollen enthielten weniger Proteine, weniger Kalium und weniger Aminosäuren.

Inwiefern diese Befunde für die Sicherstellung der Welternährung eine Rolle spielen, ist schwer abzusehen und hängt wohl von den lokalen

Begebenheiten ab. Die Autoren der eingangs erwähnten Studie schreiben auch: „Die Folgen des Klimawandels für das Gesundheitswesen sind schwer vorauszusehen, und wir erwarten viele Überraschungen. Der Befund, dass der ansteigende Gehalt an Kohlendioxid den Nährwert von Nahrungspflanzen vermindert, ist solch eine Überraschung" [4]. Ferner schlagen die Autoren vor, neben der Verminderung von Treibhausgasemissionen auch bei der Entwicklung neuer Sorten von Kulturpflanzen den Befunden Rechnung zu tragen. So sollten Sorten gezüchtet werden, die weniger empfindlich auf die CO_2-Zunahme reagieren.

Die FAO jedenfalls beobachtet diese Studien mit Argusaugen, denn eine schlechtere Qualität der Grundnahrungsmittel in einer Welt mit höherer CO_2-Konzentration läuft der Bekämpfung des Welthungers zuwider. In Ländern wie Indien stellen Getreide die Hauptquelle von Eiweiß dar. Eine sinkende Qualität der Feldfrüchte kann die ausreichende Versorgung der Bevölkerung erschweren. Eisen- und Zinkmangel betreffen schätzungsweise 2 Milliarden Menschen in Entwicklungsländern.

Die genauen Mechanismen, die in den Kulturpflanzen ablaufen, die physiologischen Prozesse, sind noch nicht eindeutig erkannt. Daher untersucht die Arbeitsgruppe von Petra Högy an der Universität Hohenheim die Physiologie des Weizens bei erhöhtem CO2-Gehalt in der Luft. Sind die Mechanismen bekannt, kann eine gezielte Züchtung neuer Sorten den Effekt mindern.

Die Beeinflussungen erhöhten CO_2-Gehaltes auf Feldfrüchte zeigen wieder einmal die weltumspannende Auswirkung des Ausstoßes an Kohlendioxid: Was in den Industrieländern als Hauptquelle erzeugt wird, schlägt sich in den Weizen- und Maisfeldern in weiter Ferne nieder.

Eine globale und vernetzte Angelegenheit

Heutzutage ist die Erzeugung und die Verteilung von Lebensmitteln ein komplexes und weltumspannendes System, das neben der eigentlichen Produktion auch die Lagerung, die Weiterverarbeitung, die Verpackung und den Transport mit einschließt. Der Fisch auf dem Teller mag vor ein paar Tagen noch im Atlantik herumgeschwommen sein, der Reis aus Indien importiert und die Kiwis im Dessert aus Neuseeland eingeflogen worden sein. Wir gehen auf einen echten Markt, in den Supermarkt oder

Aspekt	Folgen des Klimawandels
Verfügbarkeit (Fähigkeit einer landwirtschaftlichen Produktionsfläche, ausreichend Nahrung zu produzieren)	Verminderte Erträge; Land wird nicht mehr nutzbar; Erwärmung und verringerte Frostgefahr kann Wachstumsperiode verlängern (in gemäßigten Zonen); manche Nutzpflanzen profitieren von höherer CO_2-Konzentration
Zugang (Möglichkeiten eines Haushaltes, sich mit genügend Nahrungsmitteln versorgen zu können, durch Kaufkraft und Zugang zu Märkten)	Geringere Erträge erhöhen Preise; Einkommenseinbußen für Farmer; erschwerter Zugang zu Märkten
Stabilität (Durchgängig gesicherter Zugang zu Nahrung oder temporär gefährdete Versorgung, etwa durch hohe Preise oder schlechte Ernten)	Unsichere Versorgung mit Nahrungsmitteln wegen Extremwetterereignissen; unsichere Einkommen bei Farmern
Verwertbarkeit (Fähigkeit, die Nahrung physiologisch aufschließen zu können; mit dem Gesundheitszustand der Menschen sowie der Art der Nahrungszubereitung verknüpft)	Falsche Ernährung; Unterernährung als Folge von Krankheiten, die sich durch den Klimawandel ausbreiten; Beeinträchtigung der Nahrung durch Schädlinge und Wasserverschmutzung

Tab. 8.1 Auswirkungen des Klimawandels auf die Sicherstellung der Welternährung. Die Ernährungssicherheit beinhaltet nicht nur die Produktion von Nahrungsmitteln, sondern auch deren Verteilung und Qualität. Nach World Food Programme (2017) und WBGU (2009).

in den Krämerladen, um unsere Nahrungsmittel zu besorgen. Für einen Bewohner einer ländlichen Region in Indien ist das Besorgen unter Umständen alles andere als leicht. Um die Auswirkungen des Klimawandels auf die Landwirtschaft einzuschätzen, kommt man um alle diese Aspekte nicht herum. Die Landwirtschaft ist schließlich nur der erste Schritt in der Sicherstellung der Ernährung. Vom Feld auf den Markt und auf den Teller ist es noch ein weiter Weg. Die FAO unterscheidet vier verschiedene Bereiche der Ernährungssicherheit, die vom Klimawandel unterschiedlich betroffen werden (Tab. 8.1).

Ich habe oben erwähnt, dass die Nahrungsmittelproduktion im Zusammenhang mit dem Klimawandel eine zweischneidige Angelegenheit ist. Im Zuge der Mechanisierung und Intensivierung der Landwirtschaft ist sie zu einer wichtigen Quelle von Treibhausgasen geworden.

Wie wirkt die Landwirtschaft auf das Klima?

Die Landwirtschaft trägt durch den enormen Flächenbedarf einerseits und als eine der Hauptquellen der beiden Treibhausgase Methan und Stickoxid andererseits direkt zum Klimawandel bei. CO_2 hingegen entsteht hier nur wenig.

Vor allem die intensive Landwirtschaft, wie sie in Industrienationen betrieben wird, und der Anbau von Reis entwickelten sich in den letzten 200 Jahren zu bedeutenden Quellen von Treibhausgasen. Beim Reis zeigt sich wie bei keiner anderen Kulturpflanze das Dilemma, in dem sich die Lebensmittelproduktion befindet. Das Süßgras ist eines der wichtigsten Grundnahrungsmittel und hat eine sehr lange Kulturgeschichte hinter sich. In China bauten die Menschen schon vor 8000 Jahren die Vorfahren der heutigen Reissorten an. Die Pflanze benötigt einen nassen Boden und so werden etwa 80 Prozent der Weltreisernte im sogenannten Nassreisanbau erzeugt. Eine aufwendige Anbauweise, die sehr viel Wasser verbraucht, pro Kilogramm Reis zwischen 3000 und 5000 Liter. Das Wasser muss fließen, denn im stehenden Wasser bilden sich Algen. Weil im Wasser Mikroorganismen leben, die Methan bilden, ist der Reisanbau zu einer wichtigen Methanquelle geworden. Es ist aber schlicht unmöglich, den Reisanbau zu drosseln. Die unzähligen Reisfelder sind nötig, um die Ernährung von Millionen von Menschen sicherzustellen.

Abb. 8.2 Reis ist eines der wichtigsten Grundnahrungsmittel. Weil das Gras im Wasser wächst, entstehen in den Reisanbaugebieten erhebliche Mengen an Methan.

Treibhausgas	Beitrag der Landwirtschaft zu den Emissionen (weltweit)	Herkunft
Kohlendioxid	1 %	Böden
Stickoxide	34 %	Landwirtschaftliche Böden, vor allem durch Düngung
	4 %	Viehhaltung (Verdauung von Wiederkäuern wie Rind und Schaf)
	5 %	Verbrennung von Biomasse
Methan	34 %	Viehhaltung (Verdauung von Wiederkäuern wie Rind und Schaf)
	18 %	Nassreisanbau
	12 %	Verbrennung von Biomasse

Tab. 8.2 Der Anteil der Landwirtschaft an den weltweiten Emissionen von Treibhausgasen. Nach IPPC (2017) und WBGU (2009).

Vergleichen wir die Emissionen verschiedener Treibhausgase in der Landwirtschaft, ergibt sich ein interessantes Bild (Tab. 8.2).

Auffallend ist der geringe Anteil am weltweiten Ausstoß von Kohlendioxid, obwohl landwirtschaftliche Böden CO_2 freisetzen. Nutzpflanzen nehmen während ihres Wachstums aber auch CO_2 auf. Das eine Prozent ergibt sich aus der Bilanz von aufgenommenem und abgegebenem Kohlendioxid auf den landwirtschaftlichen Ertragsflächen. Alles in allem sind Düngereinsatz, Viehhaltung und Reisanbau die wichtigsten Quellen landwirtschaftlicher Treibhausgase.

Was ist zu tun?

Ich habe zu Beginn des Kapitels nach den Herausforderungen der Landwirtschaft angesichts des Klimawandels gefragt. Selbstverständlich müssen die Emissionen an Treibhausgasen zurückgefahren werden. Dass dies möglich ist, zeigt die EU, wo zwischen 1990 und 2012 die Emissionen an Treibhausgasen aus der Landwirtschaft um 24 Prozent zurückgingen. Ein Rückgang des Viehbestandes und eine wirksamere Verwendung von Düngemitteln waren die treibenden Kräfte für diesen Trend. Doch global gesehen ist das nicht mehr als ein kleiner Beitrag, denn zwischen 2001 und 2011 stiegen die weltweiten Emissionen an Treibhausgasen aus der pflanzlichen und tierischen Produktion um 14 Prozent an. Hier braucht es gewaltige Anstrengungen, die nicht nur die Erzeuger, sondern auch die Verbraucher betreffen. Eine Abkehr von Massentierhaltung und vermehrter ökologischer Anbau sind notwendige Schritte in Richtung nachhaltiger Produktion. Verbraucher können durch einen bewussteren Konsum dazu beitragen. Im Falle bewässerter Kulturen sind bessere Bewässerungstechniken nötig, um den Wasserverbrauch zu vermindern. Bodenerosion kann mit bodenschonenden Anbautechniken begegnet werden – und mit Mischkulturen statt Monokulturen. Experten sagen auch, dass trockenresistente Sorten der Nahrungspflanzen entwickelt werden sollen.

Darauf komme ich in Kapitel 13 noch zu sprechen, wo es um Anpassungsstrategien geht.

9. DER KLIMAWANDEL UND DAS MEER

Abb. 9.1 Korallenriffe gehören zu den artenreichsten und wichtigsten Lebensräumen der Meere. Korallen ertragen aber keine starken Veränderungen ihrer Lebensbedingungen. Wird das Wasser zu warm oder werden die Tiere anderweitig gestresst, stoßen sie die symbiontischen Algen aus und sterben ab.

Wir leben auf einem Wasserplaneten und die Ozeane gehören zu den Bestandteilen der Biosphäre, die am wenigsten erforscht sind. Daher ist es nicht weiter erstaunlich, dass die Auswirkungen der Erderwärmung und der Zunahme an Kohlendioxid auf das Leben im Meer zu den bisher am wenigsten verstandenen Aspekten des Themas gehören. Doch seit einigen Jahren untersuchen zahlreiche Meeresbiologen auf der ganzen Welt die Auswirkungen des Klimawandels und der Zunahme an Treibhausgasen auf Meeresorganismen. Und sie stellen unheimliche Entwicklungen fest.

Beim Thema Meer und Klimawandel kommen mehrere Dinge zusammen, was mit dem wässrigen Milieu zu tun hat. Eine Zunahme der Menge an Kohlendioxid in der Luft wirkt sich auf drei zunächst vollkommen verschiedene und scheinbar voneinander unabhängige Weisen auf die Meere aus. Da ist einmal die Erwärmung des Wassers als Folge einer wärmeren Lufttemperatur. Weil sich warmes Wasser ausdehnt, steigt der Meeresspiegel an; das Schmelzen der Gebirgsgletscher und der Eisschilde an den Polen trägt dazu bei. Beides beeinträchtigt das Leben im Meer. Die Zunahme der Stürme tut an den Küsten ihr Übriges. Hinzu kommt die Versauerung des Wassers als Folge eines höheren Gehaltes an Kohlendioxid im Wasser. Alle diese Vorgänge stehen in enger Beziehung zueinander und haben Folgen für das gesamte marine Leben.

Wenn die Korallen erbleichen

Eine der bestuntersuchten Tiergruppen mariner Organismen sind die riffbildenden Korallen. Korallen gehören zoologisch betrachtet wie die Seeanemonen zu den Nesseltieren. Sie sind festsitzende Organismen, die in Kolonien leben. Eine Kolonie kann aus mehreren 1000 Tieren bestehen. Ein einzelnes Korallentier zeigt sich als Polyp, der wie eine Seeanemone aufgebaut ist. Korallen gelten in der Stammesgeschichte der Tiere als alte und einfach gebaute Lebewesen. Ihre Larven schwimmen frei im Wasser umher, um sich einen neuen Platz in der Unterwasserwelt zu ergattern.

Korallen umfassen verschiedene Gruppen, die sich in der Lebensweise stark unterscheiden, wie Weichkorallen, Lederkorallen oder Röhrenkorallen. Ein paar wenige Arten an Weichkorallen kommen auch in der Nord- und Ostsee vor, wie die gelb bis rötlich gefärbte Totemannshand. Die Kolonien bilden an Felsen auffallende, fleischige Lappen.

Am bekanntesten sind aber die Steinkorallen, weil sie die wichtigsten Riffbildner sind und den Hauptbestandteil der Korallenriffe stellen. Sie leben in flachen Gewässern tropischer Meere und umfassen weltweit etwa 1500 verschiedene Arten. Es sind festsitzende und kolonienbildende Tiere mit einer überaus spannenden Biologie, weil sie zwei Eigenschaften besitzen: die Fähigkeit, Kalkstein aufzubauen, und das Zusammenleben mit Algen. Beiden kommt im Zusammenhang mit dem Klimawandel größte Bedeutung zu.

Der Name „Steinkoralle" sagt bereits, dass die Tiere ein Kalkskelett aufbauen, einen gemeinsamen Ständer, auf dem die einzelnen Polypen sitzen. Die Tiere beziehen den Baustoff aus dem Meerwasser, das gelösten Kalk enthält, und scheiden es als festes Kalziumkarbonat aus. Jeder einzelne Polyp baut seinen eigenen kleinen Kalkfuß. Stirbt er ab, nimmt ein neuer Polyp seinen Platz ein und baut weiter. Mit der Zeit entstehen riesige Bauwerke wie das „Great Barrier Reef" Australiens. Das größte Korallenriff der Welt misst 2300 Kilometer in der Länge und ist schätzungsweise 18 Millionen Jahre alt.

Je nach Art sehen die Kalkhäuser ganz unterschiedlich aus. Manche Arten bilden breite Teller, andere Ansammlungen von Keulen oder sie überziehen den Fels mit einer Matte, die sich dem Grund anschmiegt.

Riffbildende Korallen leben in seichten Gewässern, weil sie Licht brauchen, um ihre Symbiose mit algenähnlichen Organismen aufrechtzuerhalten, den Zooxanthellen. Das sind mikroskopisch kleine Einzeller, die im Gewebe der Korallen leben und zur Fotosynthese befähigt sind. Sie versorgen die Koralle mit organischen Stoffen und Sauerstoff, im Gegenzug erhalten die Algen einen idealen Lebensraum und Kohlendioxid frisch von der Koralle. Die Mikroorganismen können sehr zahlreich vorhanden sein: So haben Zählungen eine Dichte von einer Million Zooxanthellen auf einen Quadratzentimeter Korallenhaut ergeben. Eine Koralle benutzt dennoch ihre Tentakel, um kleine Algen und Tiere aus dem Plankton zu fischen, schließlich brauchen Alge und Koralle auch Eiweiße.

Stehen die Korallen unter Stress, stoßen sie die Mikroorganismen aus. Warum sie dies tun, ist nicht ganz klar, die Folgen für die Korallen sind fatal. Eine Zeit lang kann eine Koralle ohne ihre Symbiosepartner überleben, und wenn die Bedingungen wieder besser werden, holt sich die Koralle neue Algen aus dem Meerwasser. Halten die stressverursachenden Bedingungen wie zu warmes Wasser aber an, verhungern die Tiere und gehen ein. Das führt zur Korallenbleiche, ein Phänomen, das in allen tropischen Meeren um sich greift. Bisher ist schätzungsweise ein Fünftel der weltweiten Riffe vernichtet. Im Jahr 2002 traf es Korallen im Pazifik besonders stark, 2005 in der Karibik wegen ungewöhnlich hoher Wassertemperaturen.

Korallenriffe sind überaus artenreiche Lebensgemeinschaften und von unschätzbarem Wert. Sie sind die Tropenwälder der Ozeane, wie eine Bestandsaufnahme des „Great Barrier Reef" vor der Küste Australiens zeigte. Biologen haben insgesamt 359 Arten an Steinkorallen, 500 Arten an Seetang, 1500 Fischarten und mehr als 4000 Arten an Schnecken, Muscheln und anderen Weichtieren gefunden. Eine solche Artenfülle gibt es sonst in keinem anderen ozeanischen Lebensraum. Korallenriffe sichern weltweit die Ernährung und das Einkommen von etwa 30 Millionen Menschen an Küsten und auf Inseln, zudem bremsen Korallenriffe die Wucht von Flutwellen und Stürmen ab. Viele kommerziell genutzte Fischarten leben in den Korallenriffen oder haben dort ihre Laichgründe.

Steigende Wassertemperaturen sind nicht die einzige Ursache der Korallenbleiche. Verschmutztes Wasser in Küstennähe und Wassertrübungen durch aufgewirbeltes Sediment als Folge von Schiffsverkehr setzen den Korallen ebenfalls zu. Doch wie die Untersuchung zweier US-amerikanischer Biologen zeigt, beschränkt sich das Korallensterben nicht nur auf dicht besiedelte Küstenabschnitte, wo der Einfluss der Menschen besonders hoch sein sollte. Auch scheinbar von jeglichem menschlichen Einfluss verschonte Korallenbänke weit draußen in den Ozeanen, in der Nähe von Inseln, zeigen Anzeichen von Schäden. Für die Wissenschaftler ist daher klar: „Diese Ergebnisse betonen den wirklich globalen Effekt der anthropogenen Erwärmung und die dringende Notwendigkeit, den Ausstoß an Kohlendioxid sofort und drastisch zu reduzieren" [1].

Das Wasser wird sauer

Wir haben schon gesehen, dass sich ein Teil des CO_2 der Luft in Wasser löst und dass von dem gelösten Gas ein Teil mit dem Wasser chemisch reagiert und sich dabei Kohlensäure bildet. Zwischen dem Anteil Kohlendioxid in der Luft und dem Anteil im Wasser besteht ein Gleichgewicht – ständig geht etwas in Lösung, wird zu Kohlensäure, ständig wird aber auch CO_2 an die Luft abgegeben.

Wenn nun die Konzentration an Kohlendioxid in der Atmosphäre steigt, gelangt auch mehr davon ins Wasser. Die Folge ist ein höherer Gehalt an Kohlensäure und damit ein höherer Säuregrad des Wassers.

Ich muss an dieser Stelle einen kurzen Abstecher in die Chemie machen, denn die Sache mit stark oder schwach sauer ist gar nicht so einfach. Chemiker geben den Säuregrad einer Flüssigkeit mit dem sogenannten pH-Wert an. Reines Wasser hat definitionsgemäß einen pH-Wert von 7 und das gilt als neutral, weder sauer noch alkalisch. Eine Seifenlauge ist alkalisch und hat pH-Werte zwischen 10 und 11. Essig ist sauer, sein pH-Wert beträgt etwa 3. Was aber ist nun der pH-Wert? Er gibt die Konzentration an Wasserstoffprotonen im Wasser an, Chemiker schreiben diese als „H^+". Wenn manche Stoffe im Wasser gelöst werden, entstehen diese Protonen und sie sind dafür verantwortlich, ob eine Lösung sauer, neutral oder alkalisch ist. Eine starke Säure setzt viele Protonen frei und wirkt dadurch ätzend, weil die Protonen sehr reaktionsfreudig sind. Daher können Säuren sogar Metalle auflösen. Besonders aggressiv ist ein Gemisch von konzentrierter Salzsäure und konzentrierter Salpetersäure, das als „Königswasser" bekannt ist. Das erinnert mich an meine Studienzeit. Ein Professor der Biochemie stellte spaßeshalber in einer Prüfung die Zusatzfrage, warum Könige keine goldenen Nachttöpfe benutzen können – weil Königswasser Gold auflöst, zudem auch noch Platin.

Die Kohlensäure hingegen ist eine schwache Säure, aber eine erhöhte Konzentration im Meerwasser zieht Folgen für das marine Leben nach sich. Die bisher beobachteten Veränderungen des Säuregrades der Ozeane als Folge der Emissionen an Kohlendioxid scheinen klein zu sein. So steht in einem Expertenbericht für die WBGU zur Zunahme der CO_2-Konzentration in den Meeren: „Dies wird zu einer Abnahme der pH-Werte in den oberen Meeresschichten um 0,3 bis 0,5 Einheiten bis 2100 führen" [2]. Eine scheinbar kleine Änderung, die aber die Wasserchemie stark beeinflussen kann.

Die Krux mit dem pH-Wert

Der Säuregrad oder pH-Wert ist so definiert, dass er den Logarithmus der Konzentration an Wasserstoffprotonen (H^+) in einer Lösung angibt. Die Abkürzung pH steht für „potentia Hydrogenii" und der pH-Wert ist so definiert: „Der pH-Wert ist der negative dekadische Logarithmus der Konzentration an H^+" [3]. Die Werte reichen von 0 bis 14.

Nun ist es mit dem Logarithmus so eine Sache. Nehmen Sie die Zahlen 10, 100 und 1000. Der Logarithmus dieser drei Zahlen lautet 1, 2 und 3, weil $10^1 = 10$, $10^2 = 10 \cdot 10 = 100$ und $10^3 = 10 \cdot 10 \cdot 10 = 1000$. Selbstverständlich kann man den Logarithmus jeder beliebigen Zahl berechnen.

Eine kleine Änderung im Logarithmus bedeutet eine große Änderung in den ursprünglichen Werten. Nimmt der Logarithmus von 1 auf 2 zu (eine Verdoppelung), ändern sich die ursprünglichen Werte aber von 10 auf 100 – eine 10-fache Zunahme!

Dasselbe gilt für den pH-Wert, den man heute mit Messgeräten leicht erfassen kann. Kleine Änderungen im pH-Wert bedeuten für Lebewesen unter Umständen große Änderungen, weil die Konzentration an H^+ sich stark ändert.

Kontinuierliche und systematische Messungen des Säuregrades der Ozeane existieren erst seit etwa zehn Jahren. Federführend ist das „Pacific Marine Environmental Laboratory" in Seattle, USA. Neben direkten Messungen von Schiffen aus unterhält die Forschungseinrichtung 19 automatische Messstationen, die den Gehalt an Kohlendioxid im Wasser und den Säuregrad erfassen. Die meisten liegen verstreut in Küstennähe und auf offener See des Atlantiks und des Pazifiks. So ist im Golf von Alaska die „Ocean Station Papa" verankert, eine Boje mit einer Wetterstation und Unterwassersensoren. Erst 2010 wurde die Station mit einem pH-Sensor ausgerüstet. Die Messdaten können online verfolgt werden [4]. Das ist spannend und die Werte zeigen wieder einmal mehr das regelmäßige Auf und Ab der CO_2-Konzentration und die Schwankungen des Säuregrads. Wie bei der Temperatur geht es also um langfristige Mittelwerte und die Häufigkeit von Extremwerten, die biologische Folgen haben können.

Das Haus beginnt zu bröckeln

Außer Steinkorallen leben in den Meeren eine ganze Reihe weiterer Organismen, die aktiv Kalk ausscheiden und daraus Schalen, Gehäuse und Röhren bilden. Wenn wir am Strand Schnecken und Muscheln sammeln, lesen wir tierisch gebildeten Kalk auf. Auch Kalkschwämme, Seeigel und Seesterne, bestimmte Borstenwürmer und kleine Arten des Planktons bauen sich schützende Gehäuse aus Kalk. Der Panzer vieler Krabben und anderer Krebstiere wird durch Einlagern von Kalk verstärkt. Der Baustoff ist in den Meeren reichlich vorhanden und spielte bei der Evolution der marinen Wirbellosen eine wichtige Rolle.

Das Ausscheiden des Kalkes durch bestimmte Gewebe der Tiere ist ein komplizierter Vorgang. Der Anteil an gelöstem Kalk im Meerwasser und die Fähigkeit der kalkbildenden Organismen, ihn in fester Form auszuscheiden, hängen von mehreren Faktoren ab. Dazu gehören die Temperatur, der Salzgehalt – und der Säuregrad. Im ersten Kapitel haben wir gesehen, dass im Wasser gelöstes Kohlendioxid Kalkstein aufzulösen vermag, was zu den Karsterscheinungen in Kalkfels führt. Wenn nun der Gehalt an Kohlendioxid in der Luft steigt, wird mehr davon von den Ozeanen aufgenommen, und das Wasser wird in der Folge saurer.

Fakten zur Versauerung der Ozeane und zum CO_2 im Meer

- Die Ozeane nehmen jährlich etwa ein Viertel des Kohlendioxids auf, das durch Verbrennen fossiler Energieträger und anderer menschlicher Aktivitäten entsteht.
- Der Säuregrad der Ozeane hat seit Beginn der industriellen Revolution um 30 Prozent zugenommen. Wird der Ausstoß an CO_2 weiter zunehmen, wird sich auch die Versauerung in den kommenden Jahrzehnten verstärken. Die Geschwindigkeit der Veränderung ist um ein Vielfaches höher als vergleichbare Vorgänge der letzten 250 Millionen Jahre.
- Die Zunahme des Säuregrades ist nicht überall gleich hoch. Besonders betroffen von der Ozeanversauerung sind die offenen Meere in den hohen Breitengraden.
- Viele Meerestiere und Algen bauen Kalk in ihre Schalen oder Stützgerüste ein. Viele Arten reagieren empfindlich auf kleine Änderungen des Säuregrades. Vermehrung, Wachstum und die Bildung der Kalkschalen können je nach Art stark beeinträchtigt werden.

In der zunehmenden Versauerung der Meere sehen Biologen eine große Gefahr für kalkbildende Organismen. Ihre Kalkskelette und Kalkgehäuse könnten sich auflösen, das Wachstum herabgesetzt werden.

Die biologischen Auswirkungen der Versauerung von Meerwasser werden erst seit etwa 2005 intensiv erforscht. Doch Wissenschaftler an verschiedenen Forschungsinstituten konnten Auswirkungen im Experiment und in Feldversuchen nachweisen.

Im Grunde genommen ist ein Nachweis ganz einfach. Man braucht lediglich ein paar kalkbildende Tiere in ein Aquarium geben, das mit künstlich angesäuertem Meerwasser gefüllt ist. Nach einer gewissen Zeit kann man die Schalen genau untersuchen und mit Schalen vergleichen, die sich in normalem Meerwasser befanden. Ein internationales Team von Meeresbiologen hat den Versuch mit einem Seeschmetterling gemacht – ein Vertreter der Pteropoden oder Hinterkiemerschnecken. Die kleinen Tiere leben in der Nähe der Arktis und stellen eine wichtige Nahrungsgrundlage für größere Tiere dar. Die Forscher setzten die Tiere für 48 Stunden in angesäuertes Meerwasser, das auf einen pH-Wert eingestellt wurde, wie er bei einer Verdoppelung der CO_2-Konzentration in der Luft zu erwarten ist. Und tatsächlich zeigten die Schalen der Tiere nach nur zwei Tagen deutliche Spuren der Zersetzung: abblätternde Ränder, feinste Risse und sich lösende Plättchen. Das alles offenbarte sich nur unter dem Mikroskop, Tiere in normalem Meerwasser hatten keine dieser Symptome.

Nun ist ein Aquarienversuch eine künstliche Angelegenheit. Wie steht es draußen in der Natur? Lassen sich Spuren der Kalkauflösung beobachten?

US-amerikanische Wissenschaftler sammelten 2011 zahlreiche Wasserproben entlang der westamerikanischen Küste, von Kalifornien bis zum Bundesstaat Washington. Sie holten auch Proben einer hier häufigen Art an Seeschmetterlingen, ein schneckenförmiges Tier mit dem Name *Limacina helicina*. Das Tier lebt von Algen des Planktons und sein schneckenartiges Gehäuse misst 5 bis 10 Millimeter in der Breite. *Limacina* schwimmt aktiv im Wasser, kommt auch in arktischen Gewässern vor und mag es kühl. Die bevorzugte Temperatur reicht von –0,4 bis +4 °C.

Die Wissenschaftler stellten Schäden an den Gehäusen fest: Nahezu

die Hälfte der Tiere in der Nähe der Küste wiesen deutliche Anzeichen von sich zersetzenden Gehäusen auf. Die Schneckengehäuse sehen wie verätzt aus, nicht vergleichbar mit der glatten Oberfläche eines intakten Gehäuses.

Angesichts bereits jetzt sichtbarer Auswirkungen der Ozeanversauerung liegt der Schluss nahe, dass auch Korallenriffe betroffen werden können. Werden sich die Riffe eines Tages auflösen? Prognosen sind schwierig, doch Meeresbiologen sind einhellig der Meinung, dass die Kalkausscheidung der Korallen und dadurch ihr Wachstum beeinträchtigt werden, wenn die Meere zunehmend versauern. Das wiederum verstärkt die Auswirkungen der Korallenbleiche durch warmes Wasser. Die Zukunft der Korallenriffe sieht nicht gut aus.

Die Ozeanversauerung ist eine direkte Folge der Zunahme an Kohlendioxid in der Luft. Auch ohne globale Erwärmung würde sich der Säuregrad verschieben, weil sich die Wasserchemie verändert. Die Gewässer in hohen Breitengraden, also in Richtung der Pole, werden vom Phänomen stärker betroffen sein, weil sich in kaltem Wasser mehr CO_2 löst als in warmem Wasser. Wie sich das alles auf die Nahrungsketten auswirkt, ist noch vollkommen unklar.

Veränderungen in der Nordsee

Die Folgen der Erderwärmung beobachten Meeresbiologen auch in der Nordsee. Sie können auf eine einmalige Messreihe zurückgreifen, die von der Biologischen Anstalt Helgoland 1962 begonnen wurde. Seither messen Forscher vor Helgoland täglich die Temperatur, den Salz- und Nährstoffgehalt sowie die Wassertrübung in den Gewässern um Helgoland – leider liegen keine Messungen für den pH-Wert vor, doch damals konnte niemand um die Versauerung wissen. Was die Temperatur anbelangt, sprechen die Messwerte eine deutliche Sprache und schaffen ein Faktum: Seit 1962 ist die Nordsee im Jahresmittel um 1,7 °C wärmer geworden. Auch hier ist es wieder einmal wichtig, sich die Bedeutung des Mittel-

Abb. 9.2 Gehäuse von Seeschmetterlingen. Das Gehäuse oben ist intakt, das Gehäuse unten durch saures Meerwasser beschädigt.

wertes zu vergegenwärtigen, der lediglich den Trend angibt. Die Messwerte selbst zeigen große Schwankungen. Die Spitzenwerte häufen sich seit etwa 1986. Zwischen 2007 und 2013 erreichte die Wassertemperatur im Sommer mehr als 18 °C. Das mag für uns angenehm erscheinen, doch hat dies direkte Folgen für eine kleine Oase der Vielfalt rund um Helgoland. Auf dem felsigen Untergrund wächst ein Unterwasserwald, der aus verschiedenen Arten von Tang gebildet wird. Dieser Kelp ist ein etwa zwei Meter hohes Dickicht, das mehr als 200 Tier- und Algenarten beherbergt. Hier finden sowohl Jungfische als auch Vögel reichlich Nahrung.

Im Gegensatz zu Korallen mögen es die Kelpalgen kühl und bekommen Schwierigkeiten, wenn das Wasser zu oft zu warm wird. Wissenschaftler des Alfred-Wegener-Institutes in Bremerhaven, heute heißt es Helmholtz-Zentrum für Polar- und Meeresforschung, stellten fest, dass der Fingertang bei hohen Wassertemperaturen keine Fortpflanzungszellen bildet. Er büßt damit eine der wichtigsten Lebensaufgaben eines jeden Organismus ein, die Vermehrung. Während einer Hitzewelle kann das Wasser 20 °C erreichen – was eindeutig zu viel für die Algen ist. Die obersten Algen des Kelpwaldes nahe der Niedrigwasserlinie sterben dann ab. Ein ausgeprägtes Kelpsterben gab es um Helgoland noch nicht, wohl aber an den Küsten Spaniens und Südnorwegens.

Das Beispiel zeigt ein wichtiges Detail: Viele Meeresorganismen haben einen geringen Toleranzbereich gegenüber der Temperatur. Das ist nicht mit Landpflanzen oder Landtieren zu vergleichen, die sowohl starken Frost als auch Hitze ertragen müssen. Im Meer herrschen viel geringere Schwankungen vor als an Land und die Lebewesen sind darauf eingestellt. Daher können auch selbst geringe Änderungen der Wassertemperatur weitreichende Folgen haben.

Umwälzungen im Südpolarmeer

Die Antarktis ist ein Kontinent der Superlative. Die Eisschicht ist bis zu 4770 Meter dick, hier hatten Wissenschaftler die bisher tiefste Temperatur gemessen. Und die Eiswelt ist voller Leben. Wir haben Bilder der Kaiserpinguine vor uns, doch im Wasser des angrenzenden Polarmeeres und auf der Unterseite des Schelfeises versteckt sich eine ungeahnte Artenfülle an Lebewesen. Hier gehen Eisfische auf Jagd, die in ihrem Blut

Frostschutzmittel haben, Glasschwämme und Haarsterne bevölkern den Grund des Meeres. Und auf der Unterseite des Eises leben Algen. Diese bilden die Existenzgrundlage für das vielleicht wichtigste Tier der Gegend um den Südpol, den Antarktischen Krill. Das kleine Krebstier ist auf Packeis angewiesen, da die Larven sich im antarktischen Winter von Algen ernähren. Krill tritt massenhaft auf und wandert in riesigen Schwärmen durch den Südlichen Ozean. Seine Biomasse wird auf 100 bis 400 Millionen Tonnen geschätzt. Für Tiere wie Blauwal, Buckelwal, Pinguine, Robben und Eisfische ist Krill lebensnotwendig. Seit Tausenden von Jahren existiert hier ein Ökosystem mit wahrlich gegensätzlichen Bewohnern.

Doch verändert sich die Gegend unter dem Einfluss der Erderwärmung. Im westlichen Teil des Südpolarmeeres hat sich die Temperatur in den oberen Wasserschichten während der letzten 50 Jahre um mehr als 1 °C erhöht. Das bedeutet etwas für ein Tier, das einen schmalen Toleranzbereich aufweist. Krill mag es am liebsten von –1 bis +1 °C. In Experimenten stellten Wissenschaftler fest, dass die Krebse für eine kurze Zeit einen Anstieg der Wassertemperatur auf 3 bis 4 °C aushalten können. Bleibt es warm, bekommen die Tiere Hitzeprobleme und Wachstum wie Vermehrung sind beeinträchtigt.

Für den Krill erschwerend ist auch das Schwinden des Packeises in seinem Lebensraum, seine Algenkonserven lösen sich auf. Nun könnte der Krill als mobiles Tier andere Gebiete aufsuchen, in denen noch normale Zustände herrschen. Zurzeit ist es so, dass sich die Erwärmung vor allem im westlichen Teil der Antarktis bemerkbar macht. Der östliche Teil ist noch verschont. Hier verzeichnen die Wissenschaftler sogar einen Zuwachs der Eismasse, etwa beim Packeis des Rossmeeres. Es sieht so aus, dass die Krillschwärme vom Westen in den Osten abziehen. Die große Unbekannte ist aber die Zukunft. Was geschieht, wenn die Erwärmung des Wassers auch den östlichen Teil der Antarktis und seiner Gewässer trifft? Wie verändern sich dann die Lebensgemeinschaften?

Die Biologie der meisten Lebewesen der Antarktis ist noch viel zu wenig bekannt, um klimabedingte Veränderungen feststellen zu können. Dass es zu großen und weitreichenden Umwälzungen kommen wird, scheint klar zu sein.

10. WEGZIEHEN, ANPASSEN ODER EINGEHEN

Etwas stimmt nicht am Bild. Das weiße Fell passt nicht zum Boden, der mit Gras und Flechten bewachsen ist. Ein Eisbär gehört auf das Packeis und nicht in die Tundra. Doch im Norden Alaskas und in Kanada dringen Eisbären immer öfter in eisfreie Gebiete vor. Es bleibt den Tieren nichts anderes übrig, denn ihr angestammter Lebensraum schmilzt förmlich unter ihren Tatzen dahin.

Das Verbreitungsgebiet des Eisbären verändert sich unter dem Einfluss des Klimawandels. An manchen Stellen wird er nicht mehr leben können, dafür besiedelt er neue Gebiete. Solche Veränderungen beobachten Biologen seit einigen Jahrzehnten bei vielen Tierarten und die Veränderungen geschehen in frappant kurzer Zeit. Manche Arten expandieren und besiedeln größere Gebiete als jemals zuvor, andere Arten werden seltener und ihre Verbreitungsgebiete schrumpfen. Auch viele Pflanzenarten zeigen Wanderlust und breiten sich zunehmend aus. Es gibt keinen Zweifel, die Natur ist im Umbruch, es kommt zu ganz neuen Begegnungen. Nicht mehr Fuchs und Hase sagen sich gute Nacht, sondern Grizzlybär und Eisbär. Tatsächlich treffen im Norden Alaskas immer öfter Eisbären und ihre Verwandten mit braunem Fell zusammen – eine Weltneuheit! Wegen des Klimawandels dringen Grizzlybären immer weiter nach Norden vor, sodass sich beide Bärenarten in die Augen sehen können. Werden sich die beiden vertragen oder kommt es zu Konkurrenz um Nahrung? Und kommt der Eisbär, eine eisige Welt gewohnt, mit einer grasbewachsenen Tundra zurecht?

Neben der Veränderung der geografischen Verbreitung von Pflanzen und Tieren reagieren die Arten auch auf den Klimawandel - durch ihr Verhalten und ihren Biorhythmus. Pflanzen blühen früher als üblich, Vögel ziehen später weg und Schmetterlinge schlüpfen früher als üblich aus ihren Puppen.

Für uns sind die Veränderungen von Verbreitungsgebieten und die Verhaltensveränderungen so mancher Arten das auffälligste Zeichen des Klimawandels. Solche Veränderungen, die wir selbst wahrnehmen und beobachten können, stehen im Mittelpunkt dieses Kapitels. Sie betreffen die Reaktion einer Art auf den Klimawandel. Der Begriff „Art" ist natürlich abstrakt, dahinter verbergen sich all die Populationen von Individuen einer Tierart wie dem Eisbär oder einer Pflanzenart wie dem Haselstrauch.

Das Verbreitungsgebiet, ein dynamisches Gebilde

Alle Individuen einer bestimmten Art leben in einem geografisch begrenzten Raum, dem Verbreitungsgebiet. Auf einer Landkarte zeigt es sich als unregelmäßig geformter Klecks, der all diejenigen Gebiete markiert, in denen eine bestimmte Art lebt. Die Größe der Verbreitungsgebiete reicht von riesig bis winzig klein. Manche Arten wie der Spatz leben auf allen fünf Kontinenten, sie sind weltweit verbreitet. Die Kohlmeise hingegen besiedelt ganz Europa, Teile Nordafrikas und weite Teile des Nahen Ostens und Asiens. Im Extremfall beschränkt sich das Verbreitungsgebiet auf eine einsame Insel mitten im Ozean, wenn die Art dort entstanden ist. Auf Inseln wie den Hawaii-Inseln oder den Kanarischen Inseln gibt es jede Menge solcher Arten. So wächst die Eingriffelige Strohblume natürlicherweise nur auf der Kanaren-Insel Lanzarote.

Ein Verbreitungsgebiet ist kein starres Gebilde, sondern unterliegt einer ständigen Dynamik. Erdgeschichtlich betrachtet dehnt es sich aus, schrumpft wieder oder teilt sich sogar in zwei Gebiete auf – je nach den herrschenden Bedingungen durch Klima und Lebensraum. Während den Eiszeiten schrumpften die Verbreitungsgebiete zahlreicher Pflanzen- und Tierarten durch das kalte Klima, danach dehnten sie sich wieder aus. Im Zuge der Erwärmung breiteten sich Arten wieder aus und besiedelten neue Gebiete. Dieses Zunehmen und Abnehmen geschah eher langsam. Auf einem Zeitrafferfilm, etwa alle 100 Jahre ein Bild, könnte man sehen, wie die Verbreitungsgebiete sich wie eine Amöbe verformen. Was aber auf dem Film heute zu sehen wäre, gleicht eher dem raschen Aufblasen eines Luftballons und dem Platzen eines anderen.

In den Norden ziehen

Viele Arten dehnen ihr Verbreitungsgebiet im Zuge der Erwärmung nach Norden aus. Tiere als mobile Lebewesen können dabei leichter auf sich ändernde Klimaverhältnisse reagieren als Pflanzen, die nur durch ihre Samen neue Orte besiedeln können. Tiere suchen neue Futterplätze, Nistplätze und Reviere auf und bewegen sich bei günstigen Bedingungen weiter weg, sie erweitern ihr Verbreitungsgebiet. Aus Gebieten, die zum Leben ungünstig geworden sind, ziehen sie sich zurück.

Vögel sind weltweit sicher die bestuntersuchte Tiergruppe. Ornithologen beobachten schon seit Langem Veränderungen im Vorkommen von Vogelarten. So fällt das Vorrücken afrikanischer Brutvögel in Europa auf, wie etwa des Wüstengimpels. Der Singvogel begann bereits vor etwa 40 Jahren in Südspanien zu brüten und gehört seither zur Vogelwelt des Landes. Arten aus dem Mittelmeergebiet wandern zusehends nach Norden. Ein farbenprächtiger Vertreter solcher Neuzuzügler ist der Bienenfresser, der inzwischen selbst in Südschweden beobachtet werden kann. Es tut sich viel in der Vogelwelt. Von den rund 400 Arten an Vögeln, die in Europa brüten, hat sich etwa die Hälfte seit Beginn des 20. Jahrhunderts nach Norden oder Nordwesten ausgebreitet, mit Geschwindigkeiten bis zu 50 Kilometern pro Jahr.

Auch Schmetterlinge suchen immer mehr nördliche Gefilde auf. Auf den Britischen Inseln hat sich der C-Falter, ein Schmetterling aus der Gruppe der Edelfalter, innerhalb der letzten 40 Jahre um 300 Kilometer nordwärts ausgebreitet. Weltweit wandern Vertreter so gut wie aller Tierstämme in neue Gebiete, auf dem Land wie im Meer. Vor der kalifornischen Küste tauchen Arten an Seeanemonen auf, die aus wärmeren Gewässern eingewandert sind. Der Atlantische Hering zieht aus der Ostsee ab, weil das Wasser zu warm geworden ist – sehr zum Leidwesen der Fischer. Auch der Atlantische Kabeljau wandert aus dem Nordatlantik Richtung Arktis. Solche Verschiebungen von Verbreitungsgebieten sind einerseits für den Naturschutz und das Aufrechterhalten der Artenvielfalt bedeutend, andererseits auch für die Ökonomie, wenn kommerziell genutzte Arten betroffen sind.

Pflanzen ändern ebenfalls ihre Verbreitungsschwerpunkte. Die nördliche Waldgrenze bewegt sich in Richtung Pol. Das gesamte Gefüge der Vegetationszonen auf der Erde ist im Begriff, sich unter dem Einfluss des Klimawandels zu verändern und dem Planeten ein neues Antlitz zu verschaffen. Bei Pflanzen stellen Botaniker zudem eine zunehmende Höhenverbreitung fest.

Flucht nach oben

Botaniker haben schon längst bemerkt, dass manche Alpenpflanze in immer größere Höhen aufsteigt. Jede Pflanzenart hat eine obere Höhengrenze, die in erster Linie klimatisch bedingt ist. Während der Gletscher-Hahnenfuß noch auf über 4000 Meter Höhe zu wachsen vermag, erreichen andere Arten lediglich rund 2000 Meter. Doch die Höhengrenzen scheinen sich nach oben zu verschieben.

In den Alpen führt der Klimawandel zu einer überdurchschnittlich starken Erwärmung, was bei den Pflanzen und Tieren eine besonders starke Verlagerung der Höhenverbreitung erwarten lässt. Drei Schweizer Wissenschaftler wollten dies überprüfen und machten von alten Erhebungen der Flora von Bergspitzen in der Umgebung des Piz Bernina im Engadin Gebrauch. Um 1900 erforschte der Schweizer Vegetationskundler Eduard August Rübel (1876–1960) die Flora der Schweizer Alpen und veröffentlichte 1912 ein Werk mit Artenlisten der Gipfel um den Piz Bernina herum - eine Fundgrube in der heutigen Zeit. Was liegt näher, als die Stellen wieder aufzusuchen und zu schauen, wie sich die Artenzusammensetzung gegenüber damals änderte? Solche Vergleiche mit alten Datenerhebungen sind oft die einzigen Möglichkeiten, zeitliche Entwicklungen über mehrere Jahrzehnte aufzuzeigen.

So stapften die drei Biologen im Sommer 2003 auf insgesamt zehn Berggipfel zwischen 2959 und 3262 Meter Höhe und notierten sich alle dort vorkommenden Pflanzenarten. Die Auswertung ergab zweierlei: Auf den meisten Berggipfeln fanden die Forscher mehr Arten gegenüber früher, die Artenvielfalt ist also gestiegen. Rübel zählte Anfang 1900 beispielsweise am Piz Chatscheders etwa 20 verschiedene Pflanzenarten, 2003 waren es an die 50. Es tut sich etwas am Berg. Die Veränderungen können nur durch ein Vorstoßen der Arten in höhere Lagen erklärt werden, weil sich das Klima erwärmt und die Pflanzen bessere Wuchsbedingungen erfahren. So fand Rübel die Schwarze Schafgarbe bis etwa

2900 Meter Höhe, in der Erhebung von 2003 wuchs sie bis 3123 Meter Höhe.

Ob diese Trends langfristig zum Guten oder Schlechten für die Alpenpflanzen sind, lässt sich noch nicht genau sagen. Es ist noch zu früh. Zudem könnte der momentane Zustrom an Pflanzenarten in größeren Höhen auch eine vorübergehende Erscheinung sein. Arten, die bereits in sehr großer Höhe wachsen, können nicht beliebig nach oben ausweichen. Irgendwann einmal ist der Berg zu Ende oder das Gelände wird zu steil und zu felsig, ohne jeglichen Humus, sodass die Pflanzen keine günstigen Wuchsorte mehr vorfinden. Hinzu kommt, dass die Pflanzen auch eine untere Verbreitungsgrenze haben. An dieser rücken andere Arten nach. Die Baumgrenze verschiebt sich nach oben, die Zone der Zwergsträucher ebenfalls. Die Höhenstufen, die für die Alpen so charakteristisch sind, werden sich nach oben verschieben, die natürliche Waldgrenze wird künftig höher liegen.

Dies kann zu neuen Konkurrenzverhältnissen führen, sodass bestimmte Arten verdrängt werden. Um ein genaueres Bild der Veränderungen in Gebirgen zu bekommen und um Langzeitbeobachtungen zu ermöglichen, wurde 2000 ein weltweites Netz namens GLORIA ins Leben gerufen. GLORIA steht für „Global Observation Research Initiative in Alpine Environments" und vereint Wissenschaftler aus der ganzen Welt. Anhand einheitlicher Protokolle erheben die Forscher Daten zur Vegetation in verschiedenen Gebirgszügen auf allen fünf Kontinenten. Eine vorläufige Analyse der europäischen Gebirge bestätigt den Trend zunehmender Artenvielfalt auf Berggipfeln – mit Ausnahme der Berge in Südeuropa. Hier zeigte sich ein schwacher Trend der Abnahme, was möglicherweise auf zunehmende Trockenheit zurückzuführen ist. Die Autoren der Studie verglichen die Artenlisten von 2001 und 2008 – eine kurze Beobachtungszeit, die dennoch Änderungen an den Tag legte. Die kommenden Jahrzehnte werden zeigen, wie sich die Flora in den Gebirgen entwickelt.

Natürlich verschieben sich auch die Verbreitungsgrenzen von Tierarten nach oben. In den Alpen erreichen Schwarzkehlchen, Mönchsgrasmücke und Girlitz immer höhere Regionen. Auch Insektenarten steigen zunehmend auf.

Sind die Veränderungen gut oder schlecht?

Vogelfreunde erfreuen sich am Sichten neuer Arten. Wenn Bienenfresser in Deutschland brüten, scheint dies zunächst eine positive Entwicklung zu sein. Die Natur reagiert auf den Klimawandel und die Arten arrangieren sich. Wenn Arten neue Gebiete besiedeln können, ist das doch grundsätzlich erfreulich, oder?

Bleiben wir bei den Vögeln. Die beobachteten Erweiterungen von Verbreitungsgebieten und Zugewinne durch neu besiedelte Gebiete dürfen nicht darüber hinwegtäuschen, dass die Vogelarten insgesamt in den letzten paar Jahrzehnten massiv zurückgegangen sind – in erster Linie wegen Lebensraumzerstörung und dem Einsatz von Pestiziden. Die expandierenden Vogelarten sind kein Ausgleich für all diejenigen Arten, die massive Verluste in ihren Beständen erlitten.

Hinzu kommt etwas anderes: Es mag grotesk klingen, aber wenn Arten ihr Verbreitungsgebiet in kurzer Zeit vergrößern und zum Beispiel nach Norden ausdehnen, ist das ein untrügliches Zeichen des Klimawandels. Welche anderen Ursachen kämen denn sonst infrage? Im Gegensatz dazu lassen sich eine Abnahme des Verbreitungsgebietes und das lokale Schwinden von Populationen nicht immer eindeutig dem Klimawandel in die Schuhe schieben. Schließlich tragen Lebensraumzerstörung, Zerstückelung der Landschaft und Umweltverschmutzung in großem Ausmaß zum Rückgang von Vögeln, Insekten und seltenen Pflanzen bei. Diese Überlegungen schließen aber nicht aus, dass durch sich ändernde klimatische Bedingungen bestimmte Arten ihre geografische Verbreitung einbüßen oder in der Vergangenheit bereits eingebüßt haben. Den Nachweis zu erbringen, ist allerdings schwierig.

Wir haben außerdem ein Wahrnehmungsproblem. Das Auftreten des Bienenfressers in einem Gebiet, wo er bisher gefehlt hat, nehmen wir ungleich stärker wahr als den schleichenden Rückgang eines anderen Vogels.

In ein paar wenigen Fällen ist aber eindeutig, dass die Verbreitung als Folge des Klimawandels abnimmt. Dazu gehört beispielsweise der Bergpieper. Sein Lebensraum sind felsige Bergwiesen oberhalb der Baumgrenze in den Alpen, er kommt aber auch in den Mittelgebirgen vor. Durch die zunehmend stärker zuwachsenden und verbuschenden Bergwiesen schwindet sein Lebensraum. Der Vogel kann sich in solchen Gebieten nicht mehr halten. Sein Verbreitungsgebiet ist im Begriff zu schrumpfen.

Somit ist klar, dass es in Sachen geografischer Verbreitung sowohl Gewinner als auch Verlierer als Folge der Erwärmung gibt. Das gilt nicht nur für die Größe des Verbreitungsgebietes, sondern auch für die Häufigkeit einer Art. Die Veränderungen aus den oben geschilderten Beispielen zeigen uns, dass der Natur eine dramatische Umorganisation widerfährt, deren Endergebnis wir nicht absehen können. Es kommt zu einer neuen Artenzusammensetzung in vielen Lebensräumen. Die zeitlichen Entwicklungen, die wir beobachten, sind ein Stadium auf diesem Weg. Wenn auf den Berggipfeln der Artenreichtum an Pflanzen zugenommen hat, gibt es keine Garantie dafür, dass dieser Zustand aufrechterhalten bleibt. Schließlich kann es durch die neue Artenzusammensetzung auch zu neuen Konkurrenzverhältnissen kommen, wodurch gewisse Arten verdrängt werden können.

Man weiß noch wenig um solche Dinge, doch eine Beobachtung aus Costa Rica lässt vermuten, dass es in höheren Lagen zur Verdrängung von Arten kommen kann. In den Bergen des mittelamerikanischen Staates ziehen Vogelarten des Tieflandes in höhere Lagen, wenn wegen eines außergewöhnlich trockenen Jahres das Nahrungsangebot schlecht ist. In den höheren Lagen treffen sie mit den angestammten Vögeln der Bergregion zusammen und es kommt zu Verdrängung und zum Rückgang von Beständen.

Sollten insgesamt mehr Arten den Kürzeren ziehen, als einen Vorteil aus dem Klimawandel gewinnen, wären die Veränderungen sicher kein gutes Zeichen. Wer zu den Gewinnern gehört und wer zu den Verlierern, hat wie beim Bergpieper mit der Lebensweise und dem Vorhandensein geeigneter Lebensräume zu tun.

Allrounder haben es am leichtesten

Der Eisbär scheint mit den neuen und eisfreien Lebensräumen gut klarzukommen. Das Tier gilt als äußerst anpassungsfähig und kann sich auch von anderen Dingen als Robben ernähren. Er frisst alles, was sich anbietet. Er plündert Vogelkolonien und sucht auch nahrhafte Pflanzen. Eisbärenforscher haben die Tiere auch schon dabei beobachtet, wie sie wie ein Braunbär Fische fangen, und sich dabei genauso geschickt anstellen. Ein solches Anpassungsvermögen kommt dem Tier sicher zugute. Bisher scheinen sich Braunbär und Eisbär auch nicht in die Quere zu kommen. In Kanada und Alaska treten gelegentlich sogar Mischlinge der beiden Arten auf. Allerdings wurden auch schon abgemagerte Tiere beobachtet, die ganz offensichtlich am Verhungern sind.

Eisbären sind in den Augen der Ökologen sogenannte Generalisten, die keine besonderen Ansprüche an den Lebensraum und an das Nahrungsspektrum stellen. Andere Tierarten sind weitaus wählerischer und anspruchsvoller. Vor allem bei den pflanzenfressenden Insekten sind viele Arten auf die Anwesenheit ganz bestimmter Pflanzenarten angewiesen, die ihrerseits nicht in jedem Lebensraum vorkommen. Gerade bei den Schmetterlingen finden sich viele solcher Spezialisten, weil die Raupen nur ein paar wenige oder nur eine einzige Pflanzenart als Nahrungspflanze akzeptieren.

Ich fand eines schönen Tages im September in einer Heidelandschaft zwischen Potsdam und Berlin die Raupe eines Wolfmilchschwärmers. Mit den weißen Punkten auf schwarzem Hintergrund und der roten Bauchseite sowie dem roten Horn am Ende des Körpers ist sie eine ziemlich groteske Erscheinung. Der dazugehörige Schmetterling hat schön gezeichnete Flügel und kommt in ganz Mitteleuropa vor, bevorzugt aber wärmere Stellen. Die Raupen ernähren sich fast nur von der Zypressen-Wolfsmilch, die in der Heidevegetation häufig ist. Die Existenz des Schmetterlings hängt von der Existenz der Nahrungspflanze ab. Angenommen, die Zypressen-Wolfsmilch steht nicht mehr zur Verfügung, weil wegen Dürre die Pflanzen vertrocknen oder die Heidevegetation schwindet, kann sich der Schmetterling nicht mehr halten. Sein Verbreitungsgebiet würde schrumpfen, wenn sein Lebensraum durch den Klimawandel geschmälert wird. Damit ist auch dem Reisefieber solcher Arten eine Grenze gesetzt: Selbst wenn ein Schmetterling neue Gebiete aufsucht, wird er sich wegen fehlender Nahrungspflanzen nicht etablieren können. Das bedeutet, dass viele Spezialisten nicht fähig sind, ihr Verbreitungsgebiet als Antwort auf die Erwärmung zu verschieben, weil geeigneter Lebensraum fehlt. Solche Arten werden in ihren Beständen zurückgehen.

Wie der Klimawandel in das Nahrungsnetz eingreift

Eine Fallstudie aus Schottland zeigt einen Zusammenhang zwischen dem Fortpflanzungserfolg eines Seevogels und der Wassertemperatur der Küstengewässer. Die Dreizehenmöwe ernährt sich hauptsächlich von Sandaalen und kleinen Krebsen. Vogelzählungen von 1986 bis 2004 zeigten einen Rückgang in der Anzahl Küken pro Nest und der Größe der Kolonien an mehreren Stellen der schottischen Küste. In demselben Zeitraum nahm die Wassertemperatur zu. Die Autoren gehen davon aus, dass die Populationen der Beutetiere, Sandaale und Krebse, wegen der Erhöhung der Wassertemperatur aus den küstennahen Gewässern verschwinden. Möglicherweise reagiert deren Nahrung, das Meeresplankton, auf die veränderte Temperatur. „Da die Wassertemperatur an den Küsten der Britischen Inseln in den kommenden Jahrzehnten weitere zwei bis drei Grad ansteigen wird, werden die Bestände der Dreizehenmöwe weiter abnehmen. Der Seevogel wurde bereits in den letzten 15 bis 20 Jahren immer seltener", schreiben die Autoren [1].

Abb. 10.1 Die Dreizehenmöwe brütet in steilen Felsklippen. Die größten Bestände Europas finden sich an den Küsten der Britischen Inseln.

Inwiefern solche starken Bindungen zwischen Arten die künftige Verbreitung von Pflanzen und Tieren beeinflussen, ist alles andere als klar. Die ökologischen Beziehungen zwischen Arten sind sehr vielfältig – Insekten bestäuben Blütenpflanzen, Tiere verbreiten die Samen zahlreicher Pflanzen, Tiere fressen Pflanzen und andere Tiere, Pflanzen üben Konkurrenz auf andere Pflanzen aus. Die Verbändelungen zwischen Arten – Biologen sprechen von biotischen Interaktionen – machen auch Prognosen über die künftige Entwicklung von Verbreitungsgebieten schwierig. Auch die Frage, wie der Klimawandel diese Interaktionen selbst beeinflusst, ist eine offene, aber wichtige Frage (Box 10.1). Eines steht jedoch fest und ist für jeden einleuchtend: Am leichtesten haben es die anspruchslosen Arten und am schwersten die anspruchsvollen. Bei Letzteren finden sich aber gerade die spannenden und aus Sicht des Naturschutzes besonders wertvollen Arten: seltene Schmetterlinge, seltene Pflanzen und außergewöhnliche Fische, Nager oder andere Wirbeltiere.

Die Phänologie ändert sich

Ich habe schon erwähnt, dass Pflanzen und Tiere sich an den Klimawandel anpassen, unabhängig davon, ob sie auswandern oder nicht. Die Pflanzen und Tiere vor unserer Haustüre spüren den Klimawandel und ändern ihr Verhalten.

Zugvögel kehren früher aus ihren Überwinterungsgebieten zurück und ziehen später weg, so mancher Zugvogel ist zu einem Standvogel geworden, der das ganze Jahr über bei uns bleibt. So beobachten Vogelliebhaber seit den 90er-Jahren immer öfter Hausrotschwänze im Winter. Früher zogen sie in den Süden, um zu überwintern.

Viele Vogelarten brüten früher, bis zu einem Monat gegenüber früheren Beobachtungen, und die Brutzeit hat sich verlängert. Solche Veränderungen im Verhalten eines Vogels werden weltweit beobachtet. Es sind Hunderte von Vogelarten, die ihren Rhythmus verändert haben! Angesichts der etwa 10 000 Arten an Vögeln weltweit ist das ein untrügliches Zeichen für den Einfluss des Klimawandels. Auch die Zugstrecken ändern sich, wenn etwa der Weißstorch oder der Rohrsänger in Südeuropa statt in Afrika überwintert. Vögel zeigen wie keine anderen Tiere die Umorganisation der Natur.

Aber auch viele andere Lebensvorgänge ändern ihren Jahresablauf. Das Ausfliegen der ersten Bienen im Frühjahr, das Schlüpfen der Schmetterlinge aus ihren Puppen, der Blühbeginn von Bäumen und der Zeitpunkt des Blattaustriebes sind Vorgänge, die unter dem Begriff „Phänologie" zusammengefasst werden. Für Pflanzen existieren lange Zeitreihen zu Beobachtungen der ersten Blüte bestimmter Bäume und Sträucher im Jahr, die schon Ende des 19. Jahrhunderts begonnen wurden und die vom Deutschen Wetterdienst unterhalten werden. Danach blühte das Schneeglöckchen im Jahr 1999 10 bis 16 Tage früher als im Jahr 1880, während umgekehrt die Wachstumsperiode bei der Hängebirke im selben Zeitraum um 20 Tage zunahm. Im hessischen Geisenheim wird der Blühbeginn des Haselstrauches genau protokolliert und auch hier zeigt sich eine Verschiebung. 1956 und 1963 war Blühbeginn am 17. März, 2017 am 14. Februar. Trotz eines ständigen Auf und Ab zeigt die Messreihe einen eindeutigen Trend in Richtung früherer Blühbeginn.

Alle diese geschilderten Vorgänge sind Reaktionen von Pflanzen und Tieren auf die veränderten klimatischen Bedingungen. Sie sind Ausdruck einer gewissen Flexibilität der Arten, sich auf die neuen Lebensbedingungen einzustellen, und sind ein Maß für die Anpassungsfähigkeit. Anpassen bedeutet hier ein individuelles Anpassen des Verhaltens, das besser als Akklimatisation bezeichnet wird. Mit einer genetischen Anpassung durch Evolution hat dies nichts zu tun, denn die bedarf mehrerer Generationen.

Phänologische Änderungen und Verhaltensänderungen wären für sich genommen auch nicht weiter besorgniserregend. Sie können aber in Zusammenhang mit den ökologischen Beziehungen zwischen Arten bedeutend werden, wenn der Rhythmus zweier voneinander abhängigen Arten nicht mehr aufeinander abgestimmt ist. Ob und in welchem Ausmaß dies stattfindet, ist umstritten und eindeutige Studien gibt es bislang nicht.

Ausgestorben

Die Goldkröte war ein kleiner Froschlurch, die in den Bergen Costa Ricas lebte und erst in den 60er-Jahren entdeckt wurde. Seit 1989 gilt die Art als ausgestorben. In den Augen mancher Biologen war die Goldkröte das erste Klimaopfer im Tierreich, doch die Frage nach den Ursachen wurde zunächst heftig diskutiert. Inzwischen spricht einiges dafür, dass der Klimawandel zum Aussterben des kleinen Frosches geführt hat. Die Experten gehen von einem Zusammenspiel mehrerer Faktoren aus, zu denen gehören die Lebensweise des Frosches, direkte Auswirkungen des Klimawandels auf das Tier und indirekte Auswirkungen durch die Förderung eines Hautpilzes.

Das Verbreitungsgebiet des Frosches war winzig: Er lebte ausschließlich im dauernd nassen Bergnebelwald auf etwa 2000 Meter Höhe über Meer, so auch im Monteverde, einem unter Schutz gestellten Gebiet der Nebelwaldzone. Die meiste Zeit des Lebens verbrachten die Frösche versteckt und als Einzelgänger. Nur zur Laichzeit versammelten sich Dutzende von Tieren zur gemeinsamen Eiablage an einem geeigneten Gewässer. Aus der Perspektive eines Versicherungsexperten scheint ein solches Verhalten unklug, viel besser wäre ein Ablegen der Eier in viele verschiedene Gewässer, um zu vermeiden, dass etwas schiefgeht.

Durch den Klimawandel treten seit den 70er-Jahren vermehrt außergewöhnlich trockene Jahre auf, die für die Bergregion drei Folgen haben: Gewässer trocknen während des Jahres aus, die charakteristische Nebelzone verschiebt sich in höhere Lagen und Starkregen lässt Flüsse anschwellen. All dies führte dazu, dass Eier und Kaulquappen in manchen Jahren fortgeschwemmt wurden oder dass Gewässer mit Eiern vorzeitig austrockneten, sodass die Larven sich nicht mehr zu Fröschen entwickeln konnten. Die Folge war ein massiver Rückgang des Bestandes innerhalb eines Jahres. Durch die Trockenheit waren die Tiere zudem geschwächt und dadurch besonders anfällig für einen Krankheitserreger, den Hautpilz mit dem schwerfälligen Namen *Batrachochytrium dendrobatidis*. Dieser sogenannte Chytridpilz löst weltweit einen massiven Rückgang an Amphibien aus, das Phänomen geht als „Amphibiensterben“ in die Medien ein. In den Bergen Mittelamerikas scheint der Pilz selbst vom wärmer werdenden Klima zu profitieren.

Natürlich spielen auch die Lebensraumzerstörung durch Waldrodungen eine Rolle, ebenso das übermäßige Einsammeln von Amphibien für den Tierhandel. Jedes Aussterbe-Ereignis ist das komplizierte Zusammenspiel vieler Faktoren. Der Einfluss des Klimawandels ist nicht von der Hand zu weisen, zumal die Goldkröte längst nicht die einzige ausgestorbene Art in Costa Rica ist. Insgesamt starben Dutzende von Froscharten innerhalb kurzer Zeit aus, vor allem Vertreter der farbenprächtigen Stummelfußfrösche.

Das Beispiel zeigt, welche Arten zum Untergang geweiht sind. Arten mit einer kleinen geografischen Verbreitung, Arten mit besonderen Lebensraumansprüchen und Arten, die während ihres Lebenszyklus besonders kritische Phasen haben, tragen ein ungleich höheres Risiko auszusterben, als weit verbreitete und anspruchslose Arten. Die Ursachen sind meist nicht das veränderte Klima selbst, sondern die veränderten Lebensbedingungen. Das gilt auch für viele andere Arten. So ist es nicht erstaunlich, dass Experten von einem massiven Artenschwund, bedingt durch den

Abb. 10.2 Die Goldkröte war ein kleiner Froschlurch von etwa fünf Zentimeter Körperlänge, der im Bergnebelwald Costa Ricas lebte. Seit 1989 gilt die Art als ausgestorben.

Abb. 10.3 Die urtümliche Brückenechse oder Tuatara lebt nur noch auf ein paar rauen Felsinseln im Norden Neuseelands. Sie brütet selten und droht auszusterben, weil es ihr zu warm wird. Nun haben Naturschützer begonnen, die Tiere in den Süden Neuseelands umzusiedeln, wo es kälter ist.

Klimawandel, ausgehen. Wie viele Arten weltweit als Folge der globalen Erwärmung aussterben werden, wird kontrovers diskutiert und die geschätzten Zahlen in der Fachliteratur reichen von 5 bis über 50 Prozent aller Arten. Letztlich ist eine genaue Bezifferung nicht so wesentlich und wird auch nie möglich sein. Tatsache ist, dass sehr viele Arten künftig ihre Häufigkeiten und ihre Verbreitungsgebiete so stark einbüßen werden, dass sie dem Untergang geweiht sind. Damit haben wir wieder einmal eine Situation, wo der Klimawandel bereits bestehende, andere Ursachen verstärkt und beschleunigt. Die wichtigsten anderen Ursachen für den globalen Artenschwund sind Lebensraumzerstörung und Umweltverschmutzung.

11. NEHMEN INFEKTIONSKRANKHEITEN ZU?

Was im Sommer 2007 auf einem Erdbeerfeld in Nordrhein-Westfalen geschah, gilt für viele Präventivmediziner als Vorgeschmack dessen, was noch kommen könnte. Zwischen Juni und September arbeiteten etwa 180 Erntehelfer aus Osteuropa auf einem Erdbeerhof, die für wenig Geld die begehrten Früchte von den Pflanzen zupften. Anfang Juli erkrankten einige von ihnen an einer fieberhaften Infektion, die Ärzte zunächst nicht erklären konnten. Ein paar der Erntehelfer mussten sogar im Krankenhaus stationär behandelt werden. Genaue Untersuchungen zeigten schließlich, dass sie sich mit Leptospirose infiziert hatten.

Eigentlich ist Leptospirose eine sehr seltene Krankheit, die in Deutschland meist nur in Einzelfällen auftritt und aus anderen Ländern eingeschleppt wird. Betroffene leiden an grippeähnlichen Symptomen mit Fieber, Schüttelfrost, Kopf- und Gliederschmerzen. In schweren Fällen kann es zu Durchfällen, Bindehautentzündungen und zu Leberschäden kommen. Die Erreger sind Bakterien, die in verschiedenen Säugetieren leben, den sogenannten Wirtstieren. Die wichtigsten Wirte des Leptospirose-Erregers in der Natur sind Ratten, Mäuse und Igel, es können aber auch Hunde, Schweine und Rinder Träger des Bakteriums sein. Die Übertragung auf den Menschen geschieht durch Kontakt mit infiziertem Urin oder Blut; entweder direkt, durch Boden oder verunreinigtes Wasser. Durch kleine Hautverletzungen oder durch den Mund gelangen die Bakterien in den Körper. Die umgangssprachlichen Namen der Krankheit – Feldfieber, Reisfeldfieber, Erbsenpflückerkrankheit – deuten den Zusammenhang zwischen Feldern und Feldarbeitern an.

Zwischen dem 19. Juni 2007 und dem 19. August 2007 erkrankten von 153 Saisonarbeitern 28 an Leptospirose, also 18 Prozent. Dieser Anteil ist hoch genug, um von einem Ausbruch zu sprechen. Die Frage ist, wie kam es zu diesem Ausbruch der Krankheit auf dem Erdbeerhof?

Die Behörden und das Robert-Koch-Institut in Berlin beschlossen, nachträglich der Sache auf den Grund zu gehen. In Zusammenarbeit mit den Gesundheitsbehörden der Heimatländer der Erntehelfer wurden Befragungen durchgeführt und Blutproben gesammelt. Auf dem Erdbeerhof sammelten Wissenschaftler Feldmäuse ein, um sie auf Anwesenheit des Erregers zu testen. Diese nachträgliche Studie zeichnete ein eindeutiges Bild.

Witterungsbedingter Ausbruch

Der Winter 2006 bis 2007 war außergewöhnlich mild, was die Population an Feldmäusen sprunghaft ansteigen ließ. Die Feldmaus ist aber ein wichtiger Wirt des Bakteriums, denn die untersuchten Tiere auf den Erdbeerfeldern und in der Umgebung wiesen eine Befallsrate von 86 Prozent auf. Die vielen Starkregen im Sommer 2007 führten zu lokalen Überschwemmungen. Auch der Boden der Erdbeerfelder war aufgeweicht und nass, was die unabsichtliche Kontamination mit dem Erreger erheblich erleichterte. Es gab viele Feldmäuse auf den Feldern, deren Urin sich mit Wasser und Schlamm mischte. Laut Befragungen hatten etliche der Erntehelfer kleine Wunden an den Händen, berührten bei der Arbeit tote Mäuse und steckten sich auch schon mal eine Erdbeere ungewaschen in den Mund.

Die außergewöhnliche Witterung begünstigte zweifelsohne den Ausbruch der Leptospirose und ein solches Ereignis könnte sich wiederholen. Viele Experten sind überzeugt, dass bisher seltene Infektionskrankheiten klimabedingt künftig häufiger werden könnten und dass eingeschleppte Krankheiten sich ausbreiten könnten. Es sind vor allem milde Winter und hohe Sommertemperaturen, die gewisse Krankheitserreger begünstigen. Allerdings ist das Abschätzen der Risiken schwierig.

Neue Infektionskrankheiten

Man spricht viel von neu auftretenden Infektionskrankheiten, im Englischen „emergent infectious dieseases“ genannt. „Neu“ bezieht sich dabei auf Krankheiten, die entweder in einem Gebiet neu auftreten und vorher nie vorhanden waren, oder auf das Wiederauftreten längst verschwundener Krankheiten. So kursieren Schlagzeilen, dass sich in Europa Krankheiten wie Malaria und Schistomosiasis, auch unter dem Namen Bilharziose bekannt, wieder ausbreiten könnten. Die Idee ist nicht so abwegig, denn Malaria war in Europa bis ins 19. Jahrhundert weit verbreitet, sogar auf den Britischen Inseln und in Skandinavien. Die Trockenlegung von Sümpfen und die Bekämpfung von Stechmücken führten schließlich zur Ausrottung der Krankheit in Europa. Rumänien wurde erst 1967 durch die Weltgesundheitsorganisation WHO für malariafrei erklärt. Und Bilharziose gab es etwa in Portugal.

Schlagzeilen machte auch der Ausbruch des Chikungunya-Fiebers in Oberitalien im Sommer 2007, der allerdings auf die Einreise einer infizierten Person aus Indien zurückging. 2010 brach in Griechenland und Rumänien das West-Nil-Virus aus, in demselben Jahr infizierten sich Menschen mit dem Dengue-Fieber-Virus in Frankreich und Kroatien. Alle drei Viruserkrankungen kennen Ärzte nur von den Tropen.

Unter neuen Infektionskrankheiten werden auch unerwartet starke Zunahmen an Fällen von bisher seltenen Erkrankungen verstanden, wie Leptospirose. Müssen wir uns Sorgen machen?

Die Frage, wie die globale Erwärmung sich auf Infektionskrankheiten auswirkt, ist alles andere als einfach zu beantworten, weil sehr viele Faktoren mit hineinspielen. Da ist einmal die Art und Weise der Infektion. Im Falle der Leptospirose und auch bei Hantaviren geschieht die Übertragung des Erregers direkt vom Tier auf den Menschen. Die Pathogene brauchen aber Wirtstiere, um bestehen zu können. Mediziner sprechen von „direkt übertragenen Zoonosen". Bei anderen Infektionskrankheiten ist ein sogenannter Vektor oder Krankheitsüberträger zwischengeschaltet, der den Erreger von Tier zu Tier, von Tier zum Menschen oder von Mensch zu Mensch überträgt. In Europa sind die wichtigsten Vektoren blutsaugende Zecken und Stechmücken. Chikungunya-Viren, West-Nil-Viren und Dengue-Viren werden von Stechmücken übertragen. Zecken übertragen die Frühsommer-Meningoenzephalitis, kurz FSME, und Lyme-Borreliose. Weltweit ist das Artenspektrum natürlich größer, Tsetsefliegen etwa übertragen die Schlafkrankheit.

Bei Krankheiten wie Cholera oder Schistosomiasis gelangen die Erreger durch verunreinigtes Wasser direkt in den Körper. Während die Cholerabakterien frei im Wasser leben und keinen Wirt benötigen, vermehren sich die Erreger der Schistosomiasis in Wasserschnecken.

Zu den Erregern von Infektionskrankheiten zählen nicht nur Viren und Bakterien, sondern auch größere einzellige Organismen wie Plasmodien, die Erreger der Malaria. Schistosomiasis hingegen wird von einem kleinen Saugwurm ausgelöst, dem Pärchenegel.

Die Verhältnisse sind also sehr unterschiedlich und der Lebenszyklus mancher Erreger komplex. Damit ein Krankheitserreger in der Natur bestehen bleiben kann und somit für den Menschen ein Infektionsrisiko darstellt, muss er geeignete Wirtstiere vorfinden und diese infizieren können. Sehr oft sind Nagetiere wichtige Wirtstiere, so auch bei der Leptospirose oder bei den Hantaviren.

Die Frage, welchen Einfluss die globale Erwärmung auf das Auftreten und die Häufigkeit einer bestimmten Infektionskrankheit hat, ist daher eng mit der Lebensweise von Wirt, Vektor, Erreger und Mensch gekoppelt. Kein Beispiel zeigt dies besser als FSME.

Fallbeispiel FSME

Die Frühsommer-Meningoenzephalitis oder FSME ist eine Viruserkrankung, die von Zecken übertragen wird, vor allem durch den Gemeinen Holzbock (*Ixodes ricinus*). Die Krankheit äußert sich meistens durch grippeähnliche Symptome und Fieber. Bei einem Teil der Patienten entwickelt sich eine Hirnhautentzündung. FSME kommt in weiten Teilen Mittel- und Osteuropas sowie in Russland vor. Das Fortbestehen des Erregers ist sowohl auf Zecken als auch auf geeignete Wirtstiere angewiesen, zu denen Kleinsäuger wie Mäuse, aber auch Vögel und Rehe zählen. Die ständige Infektion der Wirtstiere und das Zirkulieren der Viren sind nur möglich, weil die Zecken nicht sehr wählerisch bei ihrer Blutmahlzeit sind, sie sind nicht wirtsspezifisch.

In Deutschland gelten Baden-Württemberg und Bayern als die größten Risikogebiete, weil dort besonders viele Fälle auftreten. In den Risikogebieten sind 0,1 bis 5 Prozent der Zecken mit dem Virus infiziert. Wenn ich in Bayern Urlaub mache, was bestimmt dann das Risiko, dass ich mich mit FSME infiziere? Maßgebend ist sicher die Anzahl Zeckenbisse, die ich auf meinen Streifzügen auflese. Das wiederum hängt von der Anzahl Zecken im Gebiet ab, was durch das Vorhandensein zeckenfreundlicher Lebensräume wie Laubwald gefördert wird. Ferner ist die lokale Häufigkeit des Erregers wichtig, also wie viele der Zecken das Virus aufgenommen haben. Das wiederum hängt von der Häufigkeit der Wirtstiere ab, ob diese geeignete Lebensbedingungen vorfinden, und vom Anteil infizierter Wirtstiere. Das sind die biologischen Faktoren. Hinzu kommen aber die sogenannten sozioökonomischen Faktoren, die viel mit meinem Verhalten und dem Gesundheitssystem eines Landes zu tun haben. Mache ich ausgedehnte Streifzüge durchs Gebüsch und Unterholz in den Wäldern, ist das Risiko einer Infektion ungleich größer, als wenn ich Spaziergänge in einem Park unternehme oder Museen anschaue. Bin ich mir des Risikos bewusst oder habe ich mich sogar gegen FSME impfen lassen? Auf der Ebene einer ganzen Bevölkerung spielt die Altersstruktur und das Bevölkerungswachstum eine Rolle. All dies wird in die Statistiken zur Anzahl Erkrankungen eines Jahres eingehen.

Klimatische Verhältnisse haben in erster Linie einen Einfluss auf die biologischen Faktoren. Klar, dass die Lebensweise von Wirt und Vektor vom lokalen Klima abhängt. Daraus folgert zwangsläufig, dass sich ändernde Klimaverhältnisse auf die Vektoren und Wirte auswirken.

Ein wärmer werdendes Klima kann für das Auftreten von FSME zweierlei bedeuten: Einerseits begünstigen milde Winter das Überleben von Zecken und Wirtstieren in der kalten Jahreszeit, andererseits mögen es Zecken den Sommer über gerne feucht. Heiße und trockene Sommer können so zu einem Rückgang der Zeckenpopulationen und dadurch auch zu einem Rückgang an FSME-Erkrankungen führen. Laut neuen Untersuchungen wird sich unter dem Einfluss des Klimawandels FSME in Richtung Norden ausbreiten. Neue Fälle aus Norwegen und Schweden scheinen diesen Trend zu bestätigen. In Ländern wie der Schweiz, Frankreich, Kroatien, Slowenien und Ungarn könnte das Virus sogar verschwinden.

Die lokale Zunahme an FSME hat manchmal aber auch ganz andere Ursachen. Die Umwandlung von Kiefernforste in artenreichere Laub- und Mischwälder, aus Sicht des Naturschutzes wünschenswert, fördert die Schaffung zeckenfreundlicher und wirtsfreundlicher Lebensräume.

So hat die starke Zunahme an FSME-Erkrankungen in vielen europäischen Ländern seit den 90er-Jahren, dem Beginn der systematischen Erfassung, verschiedene Ursachen. Der Klimawandel spielt dabei eine Rolle und ist einer von vielen Faktoren.

Welche Infektionskrankheiten nehmen durch den Klimawandel zu? Präventivmediziner sind sich einig, dass in Europa durch die allgemeine Erwärmung ein paar Infektionskrankheiten künftig häufiger und auch in neuen Gebieten auftreten werden (Tab. 11.1). Die Erreger der Lyme-Borreliose, Bakterien mit dem Namen *Borrelia burgdorferi*, werden wie FSME von Zecken übertragen. Bemerkenswert ist, dass in den Jahren 2005 und 2006 vermehrt Erkrankungen in den Monaten September bis November auftraten, obwohl in allen Jahren zuvor der Erkrankungsgipfel zwischen Juni und September lag. Ein warmer Herbst und ein milder Winter verlängerten in beiden Jahren die Zeckenaktivität und damit auch das Infektionsrisiko. Ein solches Muster wird künftig häufiger auftreten.

Infektion	Einfluss des Klimawandels	Bedeutung für die Gesellschaft (Häufigkeit und Schwere der Erkrankung)	Überträger
Lyme-Borreliose	hoch	hoch	Zecken
Dengue-Fieber	mittel	hoch	Stechmücken
FSME	mittel	hoch	Zecken
Viszerale Leishmaniose	hoch	mittel	Sandmücken
Vibrio-Erkrankungen (außer Cholera)	hoch	mittel	–

Tab. 11.1 Beispiele von Infektionskrankheiten in Europa, die durch den Klimawandel begünstigt werden und epidemiologisch bedeutsam sind. Nach Lindgren et al. (2012).

Ein Krankheitserreger, der nicht an Wirte und Vektoren gebunden ist und dennoch stark vom Klimawandel beeinflusst wird, ist das Vibrio-Bakterium namens *Vibrio vulnificus*. Es ist nahe verwandt mit dem Erreger der Cholera, dem Bakterium *Vibrio cholerae*. Beide Bakterienarten kommen natürlicherweise im Wasser vor, *Vibrio vulnificus* in marinen Gebieten wie Brackwassertümpel, Flussmündungen und im Meer. Infektionen zeigen sich beim Menschen als Zellulitis oder als Blutvergiftung. Die Aufnahme des Erregers erfolgt direkt durch Verschlucken von Wasser, bei Kontakt infolge von Verletzungen oder beim Verzehr kontaminierter Lebensmittel wie Meeresfrüchten.

Vibrio vulnificus wird durch den Anstieg der Meerestemperatur begünstigt, auch an der Nordsee. Wenn im Sommer die Temperatur des Wassers auf über 20 °C steigt, vermehren sich die Bakterien munter und stellen eine Gefahr dar. Sie gelangen in Austern und andere Meerestiere, die dann auf dem Teller landen, oder Badegäste werden beim Barfußlaufen oder Baden durch offene Wunden infiziert. Seit Mitte der 90er-Jahre erkranken immer mehr Menschen an den Küsten Nordeuropas an Vibrio-Infektionen.

Die Erreger der viszeralen Leishmaniose sind einzellige Protozoen, die von Sandmücken übertragen werden. Hunde werden ebenfalls befallen und fungieren als Wirte, was Leishmaniose auch zu einem veterinärmedizinischem Problem macht. Ein allgemeiner Anstieg der Temperaturen macht die geografische Ausbreitung der wärmeliebenden Sandmücken in Richtung Norden wahrscheinlich, die den Erreger mitnehmen. In Norditalien und Süddeutschland wurden bereits einzelne Fälle von Leishmaniose beschrieben.

Andere Infektionskrankheiten werden in Europa wohl kaum durch den Klimawandel begünstigt, zumindest nicht für den Moment. Dazu zählen Cholera, Legionellose oder Legionärskrankheit, Meningokokken-Infektionen und Gelbfieber.

Breitet sich Malaria aus?

Weltweit ist die Situation anders. Der Klimawandel greift bereits in die Verbreitungsmuster der Krankheiten ein. Für die Weltgesundheitsorganisation WHO scheint klar zu sein, dass die globale Erwärmung zu mehr

Krankheitsfällen mit tödlichem Ausgang führt, wie in einem Bericht steht [1]: „Der Klimawandel ist schätzungsweise bereits verantwortlich für 3 Prozent der an Diarrhöe Verstorbenen, 3 Prozent der an Malaria Verstorbenen und 3,8 Prozent der an Dengue-Fieber Verstorbenen im Jahr 2004." Nicht nur der Klimawandel, sondern auch der zunehmende weltweite Handel und Tourismus sorgt für neu auftretende Vektoren und Krankheitserreger.

Eine der bedeutendsten Infektionskrankheiten ist nach wie vor Malaria. Etwa die Hälfte der Weltbevölkerung lebt in malariagefährdeten Gebieten, vor allem in den Tropen Afrikas und Asiens. Laut WHO gab es im Jahr 2015 weltweit 212 Millionen Malariapatienten. Jährlich sterben etwa eine Million Menschen an Malaria, die meisten von ihnen Kinder. Es gibt aber auch Gutes zu berichten: Die Sterberate als Folge der Infektion ging zwischen 2010 und 2015 weltweit um 29 Prozent zurück [2]. Ausgelöst wird die fieberhafte Krankheit durch Plasmodien, einzellige Parasiten, die von bestimmten Stechmücken übertragen werden.

Angesichts der Bedeutung von Malaria für die Weltgesundheit drängt sich die Frage auf, wie die Erderwärmung das Verbreitungsgebiet der Krankheit beeinflussen wird. Nehmen Malariafälle zu, tritt der Erreger in neuen Gebieten auf?

Die Frage der künftigen Entwicklung der Malariagebiete wird heftig diskutiert und die Experten sind sich alles andere als einig. Das sieht man an den Titeln der Fachartikel, die zum Thema publiziert werden. „Klimawandel erhöht das Risiko des Wiederauftretens von Malaria in Rumänien" ist ein Beispiel, ein anderes „Klimawandel erhöht kaum die Malariafälle in Westafrika".

Malaria zeigt wie keine andere Infektionskrankheit die Komplexität einer Prognose, weil so viele verschiedene Faktoren berücksichtigt werden müssen. Die Stechmücken benötigen stehendes Wasser zum Leben, weil die Larven im Wasser aufwachsen. Der Klimawandel beeinflusst die Vektoren und deren Lebensräume in ganz unterschiedlicher Weise: Starke Regenfälle können einerseits neue Brutplätze schaffen, andererseits stehende Kleingewässer wegschwemmen und Brutplätze vernichten. Eine zunehmende Trockenheit kann Brutplätze austrocknen lassen oder neue erschaffen, weil sich durch austrocknende Flüsse Wasserlachen bilden.

Die Vermehrung des Erregers und der Mücken hängt direkt von der Temperatur ab. Wird es in einem Gebiet wärmer, entwickeln sich die Plasmodien rascher und das Infektionsrisiko steigt.

Das Fazit der Überlegungen muss wohl lauten: Es wird zu Verschiebungen der Risikogebiete kommen. In gewissen Gebieten wird sich Malaria ausbreiten, in anderen wird sie zurückgehen. Wo künftig geringere Niederschläge zu erwarten sind, wie im Amazonasgebiet und in Mittelamerika, wird sich das Malariarisiko vermindern. In den Hochlandgebieten Ostafrikas und in Mittelasien wird es aber zu einem höheren Risiko kommen. Experten sind sich einig, dass die sozioökonomischen Faktoren bei der künftigen Entwicklung von Malaria aber wichtiger sind als die klimatischen Verhältnisse.

Es braucht ein Monitoring

Müssen wir uns Sorgen machen? Zu Panik und Panikmache gibt es keinen Grund. Doch die Umwälzungen in der Häufigkeit und geografischen Verbreitung von Wirten und Vektoren stellt die Gesundheitsbehörden vieler Länder vor neue Herausforderungen. Hinzu kommt, dass neue Vektoren eingeschleppt werden. Die asiatische Tigermücke (*Stegomyia albopicta*; alter Name *Aedes albopictus*) breitet sich seit den 90er-Jahren in Europa aus und ist südlich der Alpen bereits fest etabliert. 2007 trat die Art das erste Mal in Deutschland auf. Durch Warentransporte und Reisetätigkeit ist die Mückenart weltweit verschleppt worden. Vor allem der Handel mit alten Autoreifen gilt als ein wichtiger Einschleppungsweg, weil sich auf den Lagerplätzen in den Reifen Wasserpfützen ansammeln und als Brutstätte für die Larven fungieren. Die Stechmücke gilt es zu beobachten, denn sie kann das Zika-Virus, das Chikungunya-Virus und das Dengue-Virus übertragen. Die globale Erwärmung trägt sicher zur weiteren Verbreitung des Vektors bei.

Angesichts der schwierigen Prognose zur Ausbreitung von Infektionskrankheiten unter dem Einfluss des Klimawandels heißt das Gebot wohl: Abwarten, beobachten – und vorbereitet sein. Neben Sanitärmaßnahmen, Impfungen und Bekämpfung der Überträger braucht es auch ein Überwachungssystem, ein flächendeckendes Monitoring, das sowohl auftretende Krankheitsfälle als auch die Bestandsdichten von Wirten und

Vektoren erfasst. Nur wenn alle auftretenden Fälle einer bestimmten Infektionskrankheit systematisch erfasst werden, ist eine Risikoanalyse möglich. Um genau zu wissen, ob der Klimawandel das Risiko von Infektionskrankheiten erhöht, braucht es Daten zur Dichte des Erregers in einem Gebiet, weil der Lebenszyklus vom Klima beeinflusst wird. Solche Daten sind selten. Die Anzahl der Krankheitsfälle spiegelt nicht unbedingt einen klimabedingten Trend wider, wie wir gesehen haben.

„Die Risikobeurteilung für alle Zoonosen krankt an der lückenhaften Datenlage bezüglich möglicher Vektoren und ihrer Übertragungskompetenz", schreiben zwei Wissenschaftler vom Bernhard-Nocht-Institut für Tropenmedizin in Hamburg [3]. Die EU hat daher 2009 ein „European Environment and Epidemiology Network" ins Leben gerufen, um neue Infektionskrankheiten besser zu erfassen. Ziel ist, die Zusammenarbeit zwischen Humanmedizinern und Veterinärmedizinern zu verstärken und die Meldepflicht bestimmter Krankheiten auszuweiten.

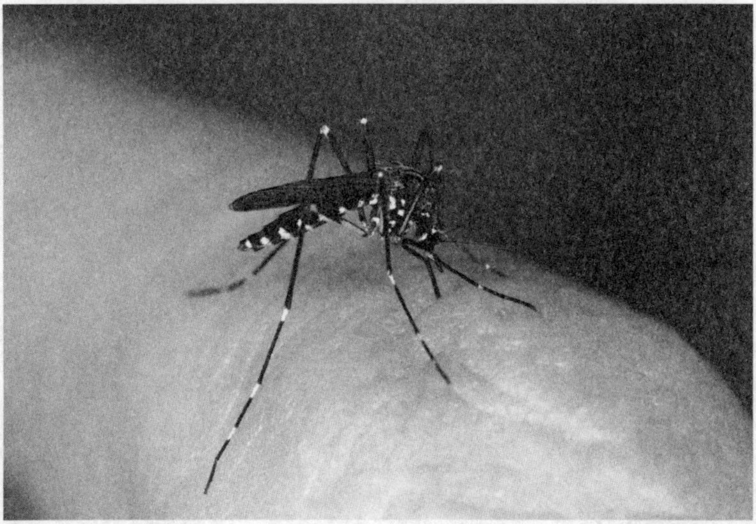

Abb. 11.1 Die Asiatische Tigermücke ist durch Warentransporte und Reisetätigkeit in viele Länder verschleppt worden. Sie breitet sich im Zuge der allgemeinen Erwärmung auch in Europa aus.

DIE LÖSUNGEN

12. NICHT ALLES IST TECHNISCH MACHBAR

Unweit der Stadt Cottbus im Süden Brandenburgs sind schon von Weitem neun Kühltürme auszumachen, aus denen unablässig Dampf in die Luft steigt. Das Kraftwerk Jänschwalde produziert Strom durch Verbrennen von Braunkohle. Wasser wird zu Dampf erhitzt, der die Turbinen antreibt. In den Kühltürmen kondensiert der Dampf wieder zu Wasser. Bei voller Auslastung des Kraftwerks verschwinden täglich bis zu 82 000 Tonnen Braunkohle in den Brennkammern. Güterzüge fahren den Rohstoff aus den benachbarten Tagebauen heran, ein jeder bringt 1000 Tonnen des Energieträgers.

„Die gegenwärtige Energieversorgung in Deutschland und in der EU beruht zu über 80 Prozent auf erschöpflichen fossilen Energieträgern (Kohle, Öl, Gas), bei deren Nutzung CO_2 entsteht, das zum vom Menschen gemachten Klimawandel beiträgt [1]“, heißt es in einem Bericht des Deutschen Bundestages von 2008. In der Tat, die Kohlenkraftwerke Deutschlands stoßen enorme Mengen des Gases aus (Tab. 12.1). Die größten von ihnen werden ausnahmslos mit Braunkohle betrieben, der Kohlensorte mit der schlechtesten CO_2-Bilanz.

Eigentlich eine unmögliche Situation. Braunkohle schneidet noch schlechter ab als Steinkohle, was die Menge an Kohlendioxid pro erzeugter Kilowattstunde anbelangt. Der Wirkungsgrad des Kraftwerks Jänschwalde liegt daher auch nur bei etwa 36 Prozent. Von der Energie, die in der Braunkohle steckt, wird also nur etwa ein Drittel in Strom verwandelt.

Nur, worin soll die Alternative bestehen? Irgendwoher muss der Strom kommen, den die Bevölkerung und die Industrie brauchen. Windräder, Solaranlagen und Wasserturbinen alleine werden diese Energiemengen nie bereitstellen können. Und solange der Stromverbrauch in Deutschland steigt, wird eine Abkehr der Kohleverstromung vorerst nicht

Kraftwerk	CO_2-Ausstoß im Jahr 2006 in Mio. Tonnen
Niederaußem (Nordrhein-Westfalen)	27,4
Jänschwalde (Brandenburg)	23,7
Frimmersdorf (Nordrhein-Westfalen)	19,3
Weisweiler (Nordrhein-Westfalen)	18,8
Neurath (Nordrhein-Westfalen)	17,9
Boxberg (Sachsen)	15,5
Lippendorf (Sachsen)	12,4

Tab. 12.1 Die sieben größten Kohlenkraftwerke Deutschlands und ihre jährlichen Emissionen an Kohlendioxid. Alle aufgeführten Kraftwerke werden mit Braunkohle betrieben. Nach WWF (2007).

Abb. 12.1 Der Braunkohletagebau verursacht große Wunden in der Landschaft, die nur langsam verheilen. Braunkohle ist nach wie vor eine der wichtigsten Energiequellen in Deutschland.

möglich sein. Braunkohle liegt in riesigen Mengen herum und ist im Vergleich zur Steinkohle leicht abbaubar. Damit die Kohleverstromung ein Ende nimmt, muss viel geschehen, auch beim Energiesparen!

Natürlich hat sich im Vergleich zu früher viel verbessert. In den Anfängen der Kohlenkraftwerke war Umweltschutz noch kein Thema, die Rauchgase verließen die Kraftwerke unbehandelt. Gegenüber 1990 haben sich die Emissionen von Staub und Schwefeldioxid durch eine Rauchgasreinigung um rund 95 Prozent verringert. Wie aber steht es um Kohlendioxid? Könnte man nicht auch dieses Gas entfernen?

Zauberwort CCS

Ingenieure und Geologen versprechen sich viel von einem Schlagwort namens „Carbon Dioxide Capture and Storage", kurz CCS. Im Deutschen spricht man von CO_2-Abscheidung und -Speicherung – der Vorgang wird auch Sequestrierung genannt. Dahinter verbergen sich ganz unterschiedliche Techniken, um Kohlendioxid aus dem Verkehr zu ziehen und in ein Endlager zu bringen. Aus der Welt schaffen kann man schließlich das anthropogen verursachte Gas nicht, genauso wenig wie Atommüll. Man kann es nur einlagern. Die großtechnische Entsorgung von Kohlendioxid steckt allerdings noch in den Kinderschuhen. Es bedarf technischen Wissens und einer Infrastruktur, die erst noch aufgebaut werden muss. Es mehren sich auch kritische Stimmen, die das Unterfangen infrage stellen: Zu teuer sei es und die Risiken zu wenig bekannt. Worum geht es bei den Verfahren?

Die CCS-Technologie besteht aus drei Schritten, die entsprechende Innovationen benötigen: die Abtrennung des CO_2 am Entstehungsort, der Transport zu einer geeigneten Lagerstätte und das eigentliche Entsorgen des Gases unter der Erdoberfläche.

Alle drei Schritte befinden sich noch in der Entwicklungsphase und es gibt viele offene Fragen bezüglich Machbarkeit und Gefahren für Mensch und Umwelt. In Fachkreisen werden 15 bis 20 Jahre diskutiert, die notwendig sind, um CCS großtechnisch zur Anwendung zu bringen.

Das Kohlendioxid an der Quelle packen

Für Experten wäre ein Abscheiden des Gases vor allem bei großen und stationären Quellen wie Kohlenkraftwerken oder Industrieanlagen am sinnvollsten. Da fallen große Mengen an, für die sich das Aufbauen einer Anlage zur CO_2-Abscheidung lohnt.

Eine Pilotanlage ist seit 2009 im Kraftwerk Niederaußem in Betrieb. Sie entzieht einem Teil des Rauchgases das Kohlendioxid, das in einer Menge von 7,2 Tonnen jeden Tag anfällt. Das Verfahren benötigt Energie, das den Wirkungsgrad des Kraftwerks herabsetzt. Für dieselbe Menge an Strom muss daher mehr Braunkohle verbrannt werden. Es braucht also eine Optimierung bezüglich des Energieverbrauchs der CO_2-Wäsche und der Menge an herausgefiltertem CO_2.

Für das Binden des Gases kommen bestimmte Lösungsmittel oder gebrannter Kalk zum Einsatz. Auch an Membranen wird geforscht, die wie ein Filter das unerwünschte Gas zurückhalten sollen. Welches Verfahren auch immer Anwendung findet, eine CO_2-Waschanlage zeigt sich als ein Gewirr von Röhren und Kesseln, was die technische Herausforderung unterstreicht.

Die Technik ist indes vorhanden, denn sie spielt bei der Erdgasförderung eine wichtige Rolle. Oft enthält Erdgas zu viel Kohlendioxid, das entfernt werden muss, andernfalls kann das Produkt nicht verkauft werden. Meist wird es als Abfall in die Luft geblasen oder in der chemischen Industrie verwendet. Um die Atmosphäre wirkungsvoll von CO_2 zu entlasten, müssen aber jedes Jahr große Mengen entfernt und sicher untergebracht werden.

Endlagerung im Gestein

Das Entsorgen von CO_2 macht nur dann Sinn, wenn es langfristig von der Atmosphäre isoliert bleibt – für mindestens mehrere 100 Jahre, idealerweise für mehrere 1000 Jahre. Geologen sehen geeignete Endlagerstätten in porösen und salzwasserführenden Sedimentgesteinen, sogenannte saline Aquifere. Oberhalb dieser Gesteinsschichten sollte ein CO_2-dichtes Deckgestein oder Barrieregestein liegen, denn die nutzbaren Grundwasservorräte müssen unbehelligt bleiben. Die aussichtsreichsten Lagerstätten liegen in etwa 800 bis 1000 Meter Tiefe. Geeignete Sedimentschichten gibt es auf der ganzen Welt, auch in Deutschland. Unter hohem Druck würde das CO_2 durch ein Bohrloch in das Gestein gepresst, wo es sich in den Poren des Gesteins verteilen und dabei einen Teil des Salzwassers verdrängen würde.

Die geologische Speicherung erscheint deshalb so attraktiv, weil sich das Gas stark komprimieren lässt: Wenn auf der Erdoberfläche 1000 Kubikmeter Kohlendioxid im Bohrloch verschwinden, vermindert sich das Volumen in 1000 Meter Tiefe auf etwa 2,7 Kubikmeter. Die Reinheit des eingebrachten Kohlendioxids ist aber kritisch, denn Verunreinigungen durch Wasserdampf, Stickoxide oder Schwefeldioxid verändern das Verhalten des Gasgemisches in den Gesteinen.

Die weltweite Kapazität solcher Lagerstätten ist groß, allerdings sind die geologischen Verhältnisse längst nicht so gut untersucht wie bei Öl- und Gasvorkommen. Bevor die Gesteinsschichten für eine CO_2-Lagerung genutzt werden, braucht es also umfangreiche Studien. Das derzeit größte Projekt zur Einlagerung von Kohlendioxid in einem salinen Aquifer läuft seit 1996 in der Nordsee vor der norwegischen Küste. Auf einer Plattform im Meer wird aus 2500 Meter Tiefe Erdgas gefördert und vom Kohlendioxid getrennt. Dieses wird in etwa 1000 Meter Tiefe in eine Gesteinsschicht gepresst. Die Technik scheint zu funktionieren und jedes Jahr werden hier etwa eine Million Tonnen CO_2 begraben. Eine andere Anlage steht in der algerischen Sahara, wo ebenfalls bei der Erdgasproduktion CO_2 anfällt, das zwei Kilometer tief in den Boden gepumpt wird.

Andere geeignete Lagerstätten sind nicht abbaubare Kohleflöze, weil sie ebenfalls porös sind und Gas aufnehmen können, zudem ausgeschöpfte Öl- und Gasfelder. Hier könnte Kohlendioxid in den bereits vorhandenen Raum eingepresst werden. Der große Vorteil ist, dass die geologischen Verhältnisse durch die Öl- und Gasförderung genau bekannt sind und dass bereits eine Infrastruktur besteht. Ein Problem für die Speichersicherheit sind allerdings die unzähligen alten Bohrlöcher in einem Öl- oder Gasfeld. In den Ölfeldern Texas sind es Hunderttausende, und jedes einzelne muss so abgedichtet werden, dass kein CO_2 austreten kann.

Diskutiert wird auch das Einpressen von CO_2 in noch nicht vollständig ausgeförderte Öl- und Gasfelder. Das würde die Erdöl- und Erdgasproduktion dieser Quellen bis zur endgültigen Ausschöpfung steigern, eine Technik, die sich „Enhanced Oil Recovery" oder EOR nennt. Das eingespeiste Gas macht die Ölreste geschmeidiger und flüssiger, sodass sie sich leichter durch das Gestein in Richtung Bohrloch bewegen. Das derzeit größte EOR-Projekt läuft seit dem Jahr 2000 in Kanada. Jeden Tag werden zwischen 3000 und 5000 Tonnen Kohlendioxid entsorgt.

Im Ozean versenken?

Fachleute erwägen auch eine Lagerung von Kohlendioxid in den Ozeanen – die umstrittenste aller Entsorgungsmethoden. Die Idee geht bis zum Ende der 70er-Jahre zurück. Damals schlug der italienische Physiker und Systemanalyst Cesare Marchetti vor, bei Gibraltar Kohlendioxid ins Mittelmeer zu leiten: Es würde mit der Meeresströmung in den Atlantik fließen und dort bis in die Tiefsee absinken. Andere meinten, die einfachste Lösung sei doch, das überschüssige CO_2 zu Trockeneis zu gefrieren und vom Schiff aus ins Meer zu kippen. Der Stoff würde tatsächlich auf den Grund sinken, aber dabei wahrscheinlich sehr viel CO_2 wieder verlieren.

Heute verstehen die Experten die Rahmenbedingungen besser, aber noch nicht gut genug, um eine CO_2-Versenkung in den Ozeanen als eine mögliche Option zu betrachten.

Die heute vorgeschlagenen Methoden würden mit Rohren arbeiten, aus denen das Gas in den Ozean eingeleitet würde – entweder in sehr großer Tiefe oder in weniger großer Tiefe. Die sicherste Methode wäre die Versenkung in der Tiefsee. Das CO_2 müsste allerdings in flüssiger Form dort unten ankommen, damit – so das Ziel – das Gas auch flüssig bleibt. Einen künstlichen See aus Kohlendioxid auf dem Meeresgrund anlegen, so das Szenario. Das funktioniert, allerdings erst bei einer Tiefe von mindestens 3000 Meter. Dann ist der Druck groß genug, um das CO_2 flüssig zu halten und vor allem, um es schwerer als Wasser werden zu lassen. In Kapitel 2 haben wir gesehen, dass natürlicherweise flüssiges Kohlendioxid in der Tiefsee vorkommt. Die künstlichen CO_2-Lachen würden aber in ihren Dimensionen beträchtlich größer ausfallen. Das so gelagerte Kohlendioxid wäre tatsächlich für eine sehr lange Zeit aus dem Verkehr gezogen, nach Schätzungen der Experten für mehrere 100 Jahre.

Beim Einleiten von CO_2 in weniger große Tiefen – diskutiert werden 1000 bis 2000 Meter Tiefe – würde sich das Gas im Wasser lösen. Man würde in Kauf nehmen, dass das Wasser in der Umgebung der Austrittsstelle saurer wird und möglicherweise das marine Leben beeinträchtigt. Man würde auf den Verdünnungseffekt setzen, der das Gas schließlich im Wasser verteilt. Dieses Verfahren hat mit Entsorgung nichts zu tun, denn das gelöste CO_2 wird dem Kohlenstoffkreislauf zugeführt, der ja auch im Ozean stattfindet. Das Gas gelangt in die oberen Wasserschichten, in denen Fotosynthese betreibende Algen und Mikroorganismen leben. Dadurch wird es eben nicht vom Kreislauf ausgesperrt, was aber der Sinn einer CO_2-Lagerung ist.

Sind die Mengen machbar?

Für mich sind die CCS-Techniken interessante Optionen, doch letztlich nur ein Tropfen auf den heißen Stein. Zum einen wegen der technischen Schwierigkeiten: Das Vorhaben ist ungefähr so aufwendig wie eine Tiefenbohrung zur Erschließung von Erdwärme. Zum andern wegen den enormen Mengen an Gas, die es zu verarbeiten gilt.

Die sieben größten Kraftwerke, die ich eingangs erwähnt habe, tragen zusammen etwa 17 Prozent zum jährlichen Ausstoß an CO_2 in Deutschland bei. Sicher wäre es eine bemerkenswerte Senkung, wenn dieser Anteil nicht mehr in die Atmosphäre gelangen würde. Die Menge aber, die jedes Jahr in geeignete Lagerstätten gebracht werden müsste, beläuft sich auf 135 Millionen Tonnen Kohlendioxid! Hinzu kommen noch die restlichen Kraftwerke, die Zementfabriken und andere Industriezweige, bei denen CCS zur Anwendung kommen sollte. Ich glaube nicht, dass diese riesigen Mengen an Kohlendioxid Jahr für Jahr weggesteckt werden können.

Weil wir mit dem Klimawandel und den Treibhausgasemissionen ein weltweites Problem haben, müssten diese Techniken auch weltweit und konsequent zum Einsatz kommen, was nüchtern betrachtet unrealistisch ist. Ein Sonderbericht des Weltklimarates IPCC nennt die Zahl 13,4 Gigatonnen Kohlendioxid pro Jahr, die weltweit aus großen stationären Quellen freigesetzt werden. Der größte Anteil davon geht auf das Konto der Stromerzeugung [2]. Diese Menge müsste Jahr für Jahr unter die Erde kommen. Das kann nur bewerkstelligt werden, wenn jede der großen stationären Quellen mit einer entsprechenden Anlage zur Abscheidung des Gases ausgestattet wird und die Entsorgung gewährleistet ist. Der Weltklimarat spricht von 7887 solcher Quellen weltweit.

Wir dürfen nicht vergessen, dass die Konzentration an Treibhausgasen in der Atmosphäre stabilisiert werden muss, um eine weitere Erwärmung des Klimas zu verhindern. Das bedeutet im Klartext, dass sie nicht weiter ansteigen darf.

Die zweitwichtigste Emissionsquelle von CO_2 in Deutschland und in anderen Ländern ist der Verkehr. Bei uns verursacht er etwa ein Fünftel der jährlichen Menge an anthropogen verursachtem Kohlendioxid – kein zu vernachlässigender Anteil. Eine Anwendung der CCS-Technologie bei Autos scheint schwer vorstellbar, dann müsste jedes Fahrzeug einen Anhänger mit der entsprechenden Apparatur mit sich führen. Zudem wird der globale Ausstoß an CO_2 zunehmen: Es werden neue Kohlenkraftwerke ans Netz gehen, vor allem in den sogenannten Schwellenländern wie China und Indien.

Lagerungsoption	Schätzungen der Kapazität (in Gigatonnen CO_2)
Ausgeschöpfte Gas- und Ölfelder, einschließlich EOR	675–900
Saline Aquifere	1000–10 000
Nicht abbaubare Kohleflöze	3–200

Tab. 12.2 Geschätzte Kapazitäten für geologische CO_2-Lagerstätten. Nach IPPC (2005) und Hendriks et al. (2004). EOR = Enhanced Oil Recovery.

Um CCS effizient und nutzbringend einsetzen zu können, bedarf es eines Transportsystems für das anfallende Gas. Experten erachten Pipelines für Kohlendioxid als unumgänglich, ebenso den Transport verflüssigten Kohlendioxids in Schiffen.

Eine große und offene Frage ist die Speicherkapazität geologischer Gesteinsschichten. Wie viel von dem verruchten Gas können wir unter die Erde bringen? Die Schätzungen und Meinungen gehen weit auseinander, wie Tabelle 12.2 zeigt.

In Deutschland kommen für die Lagerung abgeschiedenen Kohlendioxids entleerte Gaslagerstätten und saline Aquifere infrage. Die Lagerungskapazität beträgt etwa das 40- bis 130-Fache der jährlichen CO_2-Emissionen der deutschen Kraftwerke. Es gäbe also Platz genug, um das unerwünschte Gas wegzustecken. Weltweit wäre ebenfalls genügend Kapazität vorhanden, zumindest vorerst. Wenn wir die jährliche Emission von 13,4 Gigatonnen Kohlendioxid als Grundlage nehmen und annehmen, dass diese Menge jedes Jahr eingelagert werden kann, würde es 50 bis 750 Jahre dauern, bis die Lagerstätten voll sind. Doch bis dahin ist es noch ein weiter Weg. Und über die möglichen Gefahren ist noch viel zu wenig bekannt.

Risiken und Nebenwirkungen

Die Gefahren bei der CCS-Technologie bestehen in der allmählichen oder plötzlichen Freisetzung von Kohlendioxid durch Lecks. Die Abscheidung von CO_2 am Ort der Entstehung und der Transport zur Lagerstätte gelten als unbedenklich, obwohl auch CO_2-Pipelines undichte Stellen bekommen können. Verlaufen sie in einer Geländesenke, kann sich das Gas ansammeln, weil es schwerer als Luft ist. Das kann die Lebewesen in der unmittelbaren Umgebung ersticken lassen. Eine permanente Überwachung des Transportsystems ist allerdings technisch einfach zu bewerkstelligen, sodass diese Gefahr kaum von Bedeutung sein wird.

Was viel zu wenig bekannt ist, betrifft die Sicherheit der Speicherung unter Tage. Was passiert langfristig mit dem Gas in der Tiefe? Findet es nicht doch einen Weg zurück zur Oberfläche? Immerhin gibt es mehrere Möglichkeiten dazu. Das Kohlendioxid in der Tiefe verursacht eine Ansäuerung des Wassers in den Gesteinsporen, was geochemische Prozesse auslösen kann, wie die Auflösung von Karbonatgestein. Im ersten Kapitel haben wir gesehen, welche Fähigkeiten kohlensaures Wasser entwickeln kann. Es können aber auch mechanische Veränderungen im Gestein auftreten, etwa das Aufweiten bestehender kleiner Risse. Das ermöglicht ein Entweichen des Kohlendioxids, sodass es auf verschlungenen Pfaden in das Deckgestein und schließlich an die Oberfläche gelangt.

Wenn Gas in das Gestein der Lagerstätte gepresst wird, wird das vorhandene Porenwasser verdrängt und könnte sich in anderen Gesteinsschichten ausbreiten, was wiederum zur Bildung von Rissen führen könnte. Die größte Gefahr ginge aber wohl von alten Bohrlöchern aus, wenn Kohlendioxid in ehemaligen Erdöl- und Erdgaslagerstätten entsorgt wird. Ingenieure befürchten, dass das mit Kohlendioxid angereicherte Salzwasser den Beton angreift, mit dem die Bohrlöcher verstopft wurden. Dann könnte es leicht durch die Rohre aussickern.

Wenn entsorgtes CO_2 die Lagerstätte verlässt und in andere Gesteinsschichten gelangt, kann es auch zur Oberfläche aufsteigen. Dort könnte es sich in bodennahen Hohlräumen ansammeln und dann plötzlich in großer Menge austreten. Kleine, aber stetig von unten emporsteigende Mengen könnten das Trinkwasser und die Bodenfauna beeinträchtigen.

Wie groß all diese Gefahren sind, weiß niemand. So kommt denn die Expertengruppe für den eingangs erwähnten Bericht des Deutschen Bundestages zum Schluss: „Für die Einschätzung von Risikoprofilen geologischer Reservoire müssen daher dringend weitere Studien und Feldversuche durchgeführt werden" [3].

Das gilt erst recht für die Entsorgung in den Ozeanen. Was ökologisch nicht vertretbar erscheint, ist das Einbringen und Auflösen gasförmigen Kohlendioxids in mittleren Tiefen. Das hätte weitreichende Konsequenzen für das marine Leben und für die Nahrungsketten. In Kapitel 9 haben wir gesehen, was die Versauerung der Meere für Folgen hat – wenn große Mengen an CO_2 ins Meer gepumpt werden, wird sich in der Umgebung einer Eintrittsstelle viel verändern und der Säuregrad lokal stark zunehmen. Das kann nicht im Sinne des Erfinders sein, auch wenn das mit CO_2 angereicherte Wasser schließlich verdünnt wird.

Das Anlegen künstlicher Lachen aus flüssigem CO_2 in der Tiefsee gewährt keine Sicherheit. Man weiß noch wenig über die Vorgänge und ob nicht doch das Gas allmählich in Lösung geht, was ebenfalls eine Anreicherung im gesamten Ozean zur Folge hätte. Niemand kann mit Sicherheit ausschließen, dass es zu einer plötzlichen Gasentladung kommt – aus welchen Gründen auch immer. Die Folge wäre eine riesige Blase aus Kohlendioxid, die in kurzer Zeit zur Oberfläche aufsteigt und mit einem Schlag eine sehr große Menge des Gases freisetzt. Je nach Ort des Geschehens wären die Folgen für Mensch und Umwelt verheerend, vergleichbar mit den Ereignissen am Nyos-See in Afrika, wie wir in Kapitel 2 gesehen haben.

Ein anderer Punkt betrifft die Klimawirksamkeit der CCS-Technologie. Wenn die Lagerstätten lecken, gelangt stetig ein Teil des weggesperrten Kohlendioxids zurück in die Atmosphäre, was langfristig die Bemühungen zunichtemacht. Hier kommt es auf die Bilanz an: Wie viel Kohlendioxid wird pro Jahr durch Einlagerung aus dem Kreislauf entfernt und wie viel fließt wieder in den Kreislauf zurück.

Die CCS-Techniken sind sicher nicht von der Hand zu weisen. Sie kosten natürlich, was den Strompreis beeinflussen wird. Meines Erachtens sollten sie nicht die eine Lösung sein, sondern eine ergänzende Maßnahme. Das Wichtigste ist doch, den Verbrauch an fossilen Energieträgern zu drosseln.

13. DER NATUR UNTER DIE ARME GREIFEN

Kanadas riesige Waldgebiete im Westen sollen für den Klimawandel gerüstet werden. Dies aus gutem Grund, denn es ist wärmer und nasser geworden, und dieser Trend wird weiterhin anhalten. Ein Vergleich der gemittelten Wetterdaten von 1961 bis 1990 mit denen von 1997 bis 2006 zeigt es: Entlang der Pazifikküste haben die Niederschläge bis zu 24 Prozent zugenommen, während es weiter im Landesinneren trockener und im Winter um 1 bis 3 °C wärmer geworden ist. Die Folgen zeigen sich den Förstern als absterbende Fichten und Espen im Landesinneren. Zudem tritt der Bergkieferkäfer, ein gefürchteter Schädling, häufiger auf. An der nass gewordenen Küste leiden die Bäume vermehrt an einem Pilzbefall, der die Nadeln vorzeitig abfallen lässt.

Holz ist eine der wichtigsten natürlichen Ressource für das Land. So kommt die Forstwirtschaft der kanadischen Provinz British Columbia für ein Drittel aller Exporte auf. Zudem nehmen die Wälder Kohlendioxid auf und sind somit eine wichtige Senke für Kohlenstoff. Der Wald sollte weiterhin in möglichst gutem Zustand bestehen bleiben. Wie aber dem Einfluss des Klimawandels begegnen? Können Förster dem Wald helfen?

Die Evolution beschleunigen

Auf die natürliche Anpassung der Bäume zu hoffen, macht wohl keinen Sinn. Den Bäumen geht der Klimawandel viel zu schnell, da werden sie sich kaum anpassen können. Bäume als langlebige Organismen haben eine lange Generationszeit, da benötigt eine genetische Anpassung durch natürliche Auslese sehr viel Zeit. Rasch lebende und sich rasch vermehrende Organismen wie Insekten haben es da leichter.

Bäume sind optimal an das lokale Klima ihres Wuchsortes angepasst. Ändert sich das Klima in kurzer Zeit, stimmt die Welt für einen

Baum nicht mehr. Die gewohnten Lebensbedingungen schwinden über den Baumwipfeln und werden durch schlechtere Bedingungen ersetzt.

Aber vielleicht kann man der Anpassung selbst auf die Sprünge helfen: die Evolution beschleunigen und auf veränderte Bedingungen einstellen, etwa durch Aufwerten der genetischen Vielfalt der Bäume. Das Stichwort lautet „assisted gene flow“, deutsch etwa „assistierter Genfluss“. Der Ansatz klingt theoretisch, in der Praxis aber hat er mit Zupacken zu tun, gilt es doch, Tausende von Baumsetzlingen zu verpflanzen.

Baum ist nicht gleich Baum. Forstwissenschaftler und Botaniker wissen schon lange, dass je nach geografischer Lage eine Pflanzenart unterschiedliches Verhalten an den Tag legt. Sie wächst in der einen Gegend rascher oder blüht früher als in einer anderen Gegend. Die Pflanzen sind an die jeweiligen Lebensbedingungen ihres Wuchsortes angepasst. In der Pflanzenzüchtung macht man von diesen lokalen Unterschieden Gebrauch, um neue Sorten zu entwickeln. Die genetischen Unterschiede zwischen verschiedenen Bäumen ein und derselben Art innerhalb ihres Verbreitungsgebietes sind umso größer, je weiter verbreitet sie sind. In den Wäldern des westlichen Kanada herrscht die Sitka-Fichte vor, die ein riesiges Verbreitungsgebiet in Nordamerika einnimmt: Der Baum kommt vom nördlichen Kalifornien bis nach Alaska vor. Er bewohnt dabei Regionen mit jeweils unterschiedlichem Klima. Bäume im Süden sind wärmere Bedingungen gewohnt und haben sich im Laufe der langen Existenzzeit der Art an diese Bedingungen angepasst. Dass Bäume aus dem gesamten Verbreitungsgebiet unterschiedliche genetische Veranlagungen haben, zeigt sich auf einem Versuchsfeld auf dem Campus der University of British Columbia. Da wachsen Sitka-Fichten aus Alaska neben solchen aus Oregon – und sie wachsen sehr unterschiedlich. Jeder Baum ist optimal an seinen Wuchsort angepasst und besitzt Gene, die ihm helfen, Hitze, Trockenheit oder Kälte zu ertragen. Diese genetischen Unterschiede zeigen sich im Versuchsgarten. Bäume aus dem Norden sind frosthärter, dafür aber empfindlicher gegenüber Wärme und Trockenheit.

Förster könnten doch südliche Bäume in den Norden und in die Regionen mit zunehmender Trockenheit verpflanzen, um dem Wald zu helfen. Dadurch gelangen neue Gene in die lokalen Bestände, vorteilhafte Eigenschaften werden in den Wald gebracht. Wenn die verpflanzten

Bäume sich mit den ortsansässigen Bäumen kreuzen, werden die Eigenschaften auch vererbt und der Prozess der Anpassung wird beschleunigt. Das ist die Idee des assistierten Genflusses, einem gänzlich neuen Ansatz im Management von Wäldern. Die Idee wird noch nicht in der Praxis umgesetzt, doch die kanadische Forstwissenschaftlerin Sally Aitken von der University of British Columbia erachtet ein solches Vorgehen als notwendige Maßnahme, um dem Klimawandel zu begegnen. Hier findet ein Paradigmenwechsel statt, denn bisher galt die Verwendung von lokalem Saatgut und lokalen Bäumen bei Aufforstungen als das richtige Vorgehen. Standortfremdes Saatgut galt als verpönt. Die Wälder im Westen Kanadas werden seit langer Zeit genutzt, es wird Holz entnommen und jedes Jahr werden Tausende von Jungbäumen gepflanzt. Aitken meint: „Die Zeit ist gekommen, die Praktiken von Aufforstungen zu ändern und statt auf lokale Samenquellen zu setzen, sollte bei weit verbreiteten Bäumen assistierter Genfluss in Betracht gezogen werden" [1].

Nun sind Wälder nicht nur Lieferanten für Holz, sondern sie erfüllen eine ganze Reihe wichtiger Funktionen, die Experten als Ökosystemdienstleistungen bezeichnen. Dazu gehören Wasser- und Luftreinigung, Regulierung des lokalen Klimas, Bereitstellung von Trinkwasser und von Erholungsräumen. Nicht nur Wälder, sondern auch alle anderen Ökosysteme liefern unsere Lebensgrundlage. So erstaunt nicht, dass der Ansatz einer künstlich unterstützten Anpassung von Organismen auch für andere Ökosysteme und Lebensräume vorgeschlagen wird – etwa für Korallenriffe, die vom Klimawandel stark betroffen sind, wie wir in Kapitel 9 gesehen haben. Eine Gruppe australischer Wissenschaftler sieht durchaus Potenzial, durch Einpflanzen von robusten Korallen aus anderen Gebieten den lokalen Korallen bessere Überlebenschancen zu geben, wenn diese durch warmes Wasser geschwächt sind. Dabei geht es um Verpflanzungen von Individuen derselben Art, nicht um das Einbringen neuer Arten. Die eingepflanzten Korallen müssten durch Voruntersuchungen auf ihre Eignung geprüft werden. Die Machbarkeit solcher Vorhaben wird heftig diskutiert, ebenso die Frage, ob solche Eingriffe in das natürliche Gefüge ethisch vertretbar sind. Andererseits drängen sich Maßnahmen angesichts der dramatischen Entwicklung geradezu auf.

Aufforsten auf dem Land

Neuen Wald erschaffen ist sicher das Beste, was als Antwort auf den Klimawandel getan werden kann. Aufforstungen binden Kohlendioxid und setzen das Austrocknen des Bodens herab, je mehr Bäume gepflanzt werden, um so besser. Das zurzeit größte Aufforstungsprogramm läuft in Afrika unter dem Namen „Afrikas Grüne Mauer im Sahel". Am unteren Rand der Sahara soll ein Waldgürtel entstehen, der sich quer durch den ganzen Kontinent zieht, von Senegal am Atlantik bis Dschibuti am Roten Meer. Er soll 15 Kilometer breit werden und der zunehmenden Desertifikation, der Ausbreitung der Wüste, Einhalt gebieten. Es ist ein kühnes Unterfangen, das 2005 von der Afrikanischen Union ins Leben gerufen wurde. Der grüne Schutzwall wird 7000 Kilometer lang, wenn er je fertiggestellt wird. Bisher hat sich nur Senegal als besonders eifrig erwiesen und mit rund 8 Millionen Setzlingen über 160 Quadratkilometer Wald angebaut. Das entspricht zweimal der Fläche des Chiemsees. Das Unterfangen ist wegen politischer Wirren und unsicherer Finanzierung schwierig, auch weil umherziehende Nutztierherden an den jungen Bäumen knabbern.

Ein ähnliches Projekt unternimmt China. Hier soll ein Waldgürtel die Wüste Gobi am Vorrücken hindern. In beiden Fällen setzen die Planer auf einheimische Arten und auf einen Mix verschiedener Baumarten, nachdem man aus Anfängerfehlern gelernt hat. Zu Beginn wurden Monokulturen raschwüchsiger Baumarten errichtet, die bald Schädlingen zum Opfer fielen.

Aufforstungen zu Wasser

Aufforstungen geschehen nicht nur an Land. Neuere Forschungen haben gezeigt, dass einem bestimmten Lebensraum an tropischen Küsten eine besondere Rolle zukommt, was die Bindung von CO_2 und auch den Küstenschutz betrifft. Die Rede ist von Mangroven, den Bäumen auf Stelzen im Gezeitenbereich tropischer Küsten. Ein Mangrovenwald ist schwer zugänglich. Bei Ebbe stehen die Bäume im Schlamm, bei Flut im Salzwasser. Am besten lässt sich ein Mangrovenwald vom Boot aus erkunden. Insgesamt sind es etwa 70 verschiedene Arten an Bäumen und Sträuchern, die den Mangrovengürtel bilden, ein überaus artenreicher

Abb. 13.1 Mangroven bilden nicht nur einen überaus artenreichen Lebensraum, sie sind auch eine wichtige Senke für Kohlendioxid und wirken als natürlicher Küstenschutz.

Lebensraum. Hier leben Schlammspringer, kleine amphibisch lebende Fische, Krabben, Muscheln, Schnecken und diverse Vögel. Das Zusammentreffen von Meeres- und Landorganismen im selben Lebensraum machen Mangrovenwälder so artenreich und als Laichgründe vieler Fischarten sind sie unabdingbar.

Große Gebiete der Mangrovenwälder sind zerstört worden und die Reste sind gefährdet. Sie wurden abgeholzt, um Raum für Garnelenzuchten oder Siedlungen zu schaffen und um Brennholz zu bekommen. Die Meeresverschmutzung setzt den Mangrovenbeständen ebenfalls zu. Dabei macht der Schutz von Mangrovenwäldern Sinn, denn die Erträge der Küstenfischerei gingen in Gebieten drastisch zurück, wo Mangroven abgeholzt wurden. Zudem sind Mangrovenwälder der beste Küstenschutz, den man sich vorstellen kann.

Genau deswegen setzt sich allmählich die Erkenntnis durch, dass Mangroven angesichts des Klimawandels eine doppelte Bedeutung zukommt: zum einen, um Küsten vor Sturmschäden zu schützen, zum andern, weil Mangrovenwälder sehr viel Kohlenstoff einlagern – nicht nur im Holz der Bäume, sondern auch im Boden zwischen den Wurzeln. Untersuchungen zeigen, dass vom Kohlenstoff, den Mangroven durch Fotosynthese der Atmosphäre entziehen, ein guter Teil im Boden verbleibt, und dies für lange Zeiten. Der mikrobielle Abbau verläuft langsam, sodass die Atmung der Organismen weniger CO_2 bildet, als die Bäume aufnehmen.

Daher werden in verschiedenen Ländern Mangroven gepflanzt, so auch in Vietnam. Das asiatische Land hat seit den 50er-Jahren über 80 Prozent der Mangrovenwälder verloren. Der Vietnamkrieg und Aquakulturen sind die Hauptgründe. Das Land ist vom Klimawandel besonders betroffen, denn ein steigender Meeresspiegel und Sturmfluten bringen Salzwasser ins Landesinnere und gefährden die Trinkwasserversorgung im Küstenbereich. Seit 1991 laufen Renaturierungsprogramme, die auch das Pflanzen von Mangrovenbäumen umfassen. Wegen politischer Wirren ist der Erfolg solcher Programme aber umstritten. Größere Aufforstungen von Mangroven laufen auch in Bangladesch und in Indien.

Was für Wälder auf dem Land und Wälder im Küstenbereich gilt, sollte auch für Lebensräume im Meer gelten. Seegraswiesen und Algenwälder stehen ebenfalls im Zentrum der Bemühungen, die Auswirkungen des Klimawandels zu mildern. Seegräser sind eine kleine Gruppe von Blütenpflanzen, die auf dem Meeresgrund ganze Wiesen bilden und Kohlenstoff binden. Wie Mangrovenwälder sind sie großflächig zerstört worden und heute versuchen Biologen, durch Anpflanzen neue Seegraswiesen entstehen zu lassen.

Naturschutz und Klimaanpassung

Die eben aufgezählten Beispiele haben etwas gemeinsam. Alle betreffen natürliche Lebensräume, die im Naturhaushalt eine wichtige Rolle einnehmen und die in der Vergangenheit sehr zerstört wurden. Heute erfahren sie eine ganz neue Bedeutung. Bei den Bemühungen um deren Schutz und Renaturierung gehen Naturschutz und Klimaanpassung Hand in Hand. Es genügt nicht, neue Mangrovenwälder oder Seegraswiesen zu bauen. Die bestehenden müssen dauerhaft unter Schutz gestellt werden, denn die Aufnahmefähigkeit für Kohlenstoff hängt stark vom Zustand des Ökosystems ab. Stark beeinträchtigte und degradierte Mangrovenwälder binden keinen Kohlenstoff, weil der Lebensraum mit all seinen Organismen nicht richtig funktioniert. Nur ein intakter Lebensraum vermag eine Kohlenstoffbilanz aufzuweisen, bei der mehr gebunden als freigesetzt wird. Das Pflanzen von Mangroven ist ein wichtiger Schritt. Es wird aber sehr lange dauern, bis aus den Anpflanzungen ein gut funktionierender Mangrovenwald wird. Das gilt auch für Aufforstungen an Land und der Erhalt der bestehenden Lebensräume ist daher genauso erforderlich. In Zeiten des Klimawandels ist Naturschutz wichtiger denn je!

Naturbasierte Ansätze in Deutschland

Das Erhalten natürlicher und unbeeinträchtigter Ökosysteme gewinnt in Zusammenhang mit dem Klimawandel zunehmend an Bedeutung. „Ohne intakte Ökosysteme ist die Anpassung des Menschen an den Klimawandel nicht möglich", heißt es in einer Schrift des Bundesamtes für Naturschutz [2]. Experten sprechen von „naturbasiertem Klimaschutz" oder „naturbasierter Klimaanpassung" und meinen damit ein ganzes Bündel von Maßnahmen, um Ökosysteme für den Klimawandel zu wappnen. Die wichtigsten sind die Renaturierung von Fließgewässern, die

Rückverlegung von Deichen zur Schaffung natürlicher Überflutungsräume, aber auch die Anlage von städtischen Grünanlagen sowie Dach- und Fassadenbegrünungen, zudem die Wiederherstellung beeinträchtigter Hochmoore durch künstliches Vernässen. Selbstverständlich geht es auch darum, die verbliebenen intakten Lebensräume zu erhalten und dafür zu sorgen, dass sie nicht zerstört werden.

Es sind vor allem Hochmoore und andere Feuchtgebiete, Wälder, Fließgewässer und Salzwiesen, die im Fokus der Bemühungen stehen, weil diese Lebensräume viel Kohlenstoff aufnehmen und speichern können. Ein Beispiel führt dies deutlich vor Augen:

Durch Landwirtschaft oder anderweitige Nutzungen degradierte Lebensräume weisen oft eine negative Kohlenstoffbilanz auf, was bedeutet, dass sie mehr CO_2 emittieren als aufnehmen. So emittieren landwirtschaftlich genutzte Moorböden pro Jahr etwa 40 Prozent aller landwirtschaftlichen Emissionen an Treibhausgasen, obwohl sie nur 8 Prozent der landwirtschaftlichen Flächen ausmachen. Durch Aufgabe der Nutzung und Rückführung in einen halbwegs natürlichen Zustand ließen sich so große Mengen an Emissionen vermeiden.

Zu einem naturbasierten Ansatz gehört auch die Umstrukturierung von Wäldern, insbesondere die Umwandlung von eintönigen Fichtenforsten oder Kiefernforsten in artenreiche Mischwälder. Die Fichte gilt ohnehin als Verlierer des Klimawandels, denn für sie wird es in vielen Gebieten zu warm und zu trocken werden. Wegen den flachen Wurzeln ist der Baum auch besonders anfällig gegenüber Stürmen. Förster haben bereits begonnen, Fichtenbestände in Buchenwälder und Buchenmischwälder zu verwandeln, die zudem naturnaher als Fichtenmonokulturen sind. Das Waldbild wird sich in den kommenden Jahrzehnten ändern.

Naturbasierte Ansätze umfassen in der Tat ein breites Spektrum von Maßnahmen. An der Nordsee zielt das Projekt „Wachsen mit dem Meer" darauf ab, im Wattenmeer die natürliche Anhäufung an Sediment zu unterstützen, sodass die Wattflächen mit dem ansteigenden Meeresspiegel mithalten können. Wenn sich Salzwiesen ungestört entwickeln, wächst der Boden langsam mit in die Höhe. Daher beschloss 2015 die Landesregierung Schleswig-Holsteins in Zusammenarbeit mit dem WWF die „Strategie Wattenmeer 2100".

„Der Klimawandel wird diese Lebenswelt grundlegend verändern, wenn wir dem nicht entgegenwirken. Steigt der Meeresspiegel, tauchen im schlimmsten Fall Wattflächen und Salzwiesen unter dem Wasser ab und verschwinden. Sie ertrinken förmlich. Das hätte enorme Auswirkungen auf die einmalige Tier- und Pflanzenwelt genauso wie auf den Küstenschutz", meint der deutsche Schriftsteller und Politiker Robert Habeck [3]. Nun kann niemand den Anstieg des Meeresspiegels aufhalten, aber wir können die Natur unterstützen, indem wir Salzwiesen und die Pioniervegetation – die Quellerfluren zuvorderst in Richtung offenes Meer – rigoros schützen. Sie tragen nämlich zur Sedimentation bei, eine Grundvoraussetzung für Bodenbildung und Stabilität. Dasselbe gilt auch für die Seegrasbestände im Meer. Und falls notwendig, sollen Sandaufspülungen nachhelfen.

Alle diese Maßnahmen machen auch ohne Klimawandel Sinn, denn sie tragen zur Erhaltung der biologischen Vielfalt oder Biodiversität bei.

Landwirtschaft: neue Sorten, neue Anbautechniken

Auch die Landwirtschaft steht vor großen Herausforderungen und wird sich ändern. Es braucht vor allem neue Sorten an Nutzpflanzen, die Trockenheit und Hitze besser ertragen. Die Pflanzenzüchter nehmen sich der Aufgabe an und arbeiten mit Hochdruck an der Entwicklung neuer Sorten. „Steigende Temperaturen, die Ausbreitung der Trockengebiete und die zunehmende Versalzung der Böden sind nur einige wenige Folgen des Klimawandels, die angepasste Pflanzen dringender und schneller denn je verlangen«, meinte Gerhard Wenzel, Professor an der Technischen Universität München, anlässlich eines Symposiums zum Thema [4]. Damit sind die Ziele schon gesteckt: Es braucht hitzeresistente, trockenresistente und salztolerante Sorten herkömmlicher Getreide- und Gemüsepflanzen – aber auch Sorten, die lange im Wasser stehen können. Das wird beim wichtigsten Getreide, dem Reis, offensichtlich.

Wissenschaftler am Internationalen Reisforschungsinstitut IRRI (International Rice Research Institute) auf den Philippinen sind sich der Probleme durch den Klimawandel bewusst und arbeiten sowohl an der Züchtung neuer Reissorten als auch an der Verbesserung der Anbautechniken. Die Forscher haben bereits einen fluttoleranten Reis entwi-

Aspekt des Klimawandels	Ziele für Forschung und Entwicklung	Kulturpflanzen
Temperatur	Hitzestresstoleranz, Kühletoleranz	Zuckerrübe, Winterrübe, Getreide, Raps, Mais, Sorghumhirse, Kartoffel
Trockenheit und Dürre	Trockenstresstoleranz, Wassernutzungseffizienz, größeres Wurzelsystem	Zuckerrübe, Winterrübe, Getreide, Raps, Mais, Kartoffel
Wind/Stürme	Standfestigkeit	Mais, Raps, Sorghumhirse

Tab. 13.1 Ziele für die Entwicklung neuer Sorten des Saatgutanbieters KWS. Nach KWS (2017).

ckelt. Herkömmlicher Reis steht zwar im Wasser, erträgt aber Überflutung nicht. In vielen Anbaugebieten Asiens werden durch Starkregen und anschwellende Flüsse Reisfelder unter Wasser gesetzt, sodass es zu einem Totalausfall der Ernte kommt. Die neue Sorte erträgt Überflutung, wenn sie nicht zu lange anhält, und garantiert so eine Ernte. Auch die Entwicklung trockenresistenter Reissorten steht auf dem Programm des Forschungsinstitutes, einige Sorten stehen schon zur Verfügung.

Es geht um Anpassung an nasse und trockene Verhältnisse zur selben Zeit als Antwort auf immer schwieriger werdende Bedingungen. Zu viel und zu wenig Wasser – die ganze Palette der zunehmenden Klimavariabilität schlägt sich hier nieder.

Auch die trockenresistenten Sorten werden meist im Süden und Südosten Asiens angebaut, weil der Rückgang des Regens in vielen Regionen zunehmend ein Problem wird. In Asien und Afrika sind große Anbauflächen auch aus einem anderen Grund unproduktiv geworden. Versalzte Böden als Folge des steigenden Meeresspiegels und Sturmfluten betreffen nicht nur Reis. Daher widmen sich Pflanzenzüchter dem Erschaffen von Sorten, die mit Salzböden besser klarkommen.

Auch in Deutschland ist das Züchten neuer Sorten als Anpassung an den Klimawandel ein Thema. Die Saatgutfirma KWS hat sich eine ganze Reihe von Zielen für Forschung und Entwicklung gesteckt (Tab. 13.1), die Vielzahl an Kulturpflanzen überrascht ebenso wie die Anpassungsziele. Niemand würde erwarten, dass Standfestigkeit eine wichtige Eigenschaft von Kulturpflanzen ist.

Neben der Züchtung neuer Sorten gilt es, Anbautechniken und Bewässerungstechniken anzupassen und zu verbessern. Und manchmal sind es ganz einfache Maßnahmen, wie beispielsweise das Einarbeiten von Pflanzenrückständen in den Boden, statt sie zu verbrennen. Eine Praxis, die vor allem in den Tropen gang und gäbe war. Auch in Zuckerrohrplantagen fallen riesige Mengen an Pflanzenrückständen an, die bisher einfach verbrannt wurden. Inzwischen ist dies in vielen Anbaugebieten verboten.

Was ich in diesem Kapitel vorgestellt habe, wird im internationalen Kontext als Mitigation bezeichnet. Es gehört noch sehr viel mehr dazu und die Palette an Möglichkeiten ist breit. Sie zeigen, dass wirkungsvolle Maßnahmen ergriffen werden können, die nicht auf Technik, sondern auf Natur setzen. Das sollte in jedem Fall gefördert werden.

14. AM EINFACHSTEN IST DOCH VERMEIDUNG

Werden wir die globale Erwärmung aufhalten oder wenigstens begrenzen können? Das steht in den Sternen geschrieben und hängt davon ab, wie und um wie viel wir künftig den Ausstoß an Treibhausgasen verringern werden. Wir – das ist die gesamte Menschheit – haben eine globale Aufgabe, zu deren Lösung wir alle beitragen müssen: Die Menge an Treibhausgasen, die wir jedes Jahr freisetzen, muss sich verringern! Der Zusammenhang zwischen den Temperaturverhältnissen und der Konzentration an Kohlendioxid, Methan und Konsorten in der Atmosphäre zwingt uns dazu.

Vor diesem Hintergrund wurde auf der Weltklimakonferenz in Paris im Dezember 2015 beschlossen, die „Erderwärmung auf deutlich unter zwei Grad gegenüber vorindustriellen Werten zu begrenzen und Anstrengungen zu unternehmen, den Temperaturanstieg auf 1,5 Grad zu begrenzen" [1].

Deutschland möchte mit gutem Beispiel vorangehen und hat einen Klimaschutzplan 2050 mit hochgesteckten Zielen entworfen: „Die Bundesregierung hat 2010 beschlossen, die Treibhausgasemissionen bis 2050 im Vergleich zu 1990 um 80 bis 95 Prozent zu vermindern" [2]. Das ist zweifelsohne ein vorbildlicher Vorsatz und in seiner Dimension geradezu dramatisch. Er bedeutet nicht weniger als eine Rundumerneuerung der Energieversorgung und des Wirtschaftssystems. Immerhin zeitigen die Bestrebungen der letzten 20 bis 30 Jahre Wirkung und beweisen die Machbarkeit von Emissionsverminderungen. So sind zwischen 1990 und 2014 die Emissionen in Deutschland um 28 Prozent gesunken – am stärksten bei der Energiewirtschaft und der Industrie. Weitere Senkungen sind vorgesehen und der Maßnahmenkatalog des Klimaschutzplans strebt eine weitgehende Treibhausgasneutralität Deutschlands an.

Nun ist Deutschland ein Land, das weltweit betrachtet einen winzigen Anteil zu den globalen Emissionen beiträgt, was auch für die meisten anderen Länder gilt. Beim Kohlendioxid etwa machen die jährlichen Emissionen Deutschlands etwa 2 Prozent der weltweiten Emissionen aus. Doch auch hier heißt es: „Global denken, lokal handeln". Jeder Staat muss handeln. Nur eine gewaltige Anstrengung der internationalen Staatengemeinschaft kann dafür sorgen, dass der Gehalt an Treibhausgasen in der Atmosphäre sinkt oder wenigstens stabil bleibt.

Unabhängig von Abkommen, Plänen und Konferenzen ist klar, dass die Industrieländer in den Bemühungen um Emissionsrückgänge besonders gefordert sind, da die Pro-Kopf-Emissionen in diesen Ländern am höchsten sind. Es macht auf jeden Fall Sinn, mit gutem Beispiel voranzugehen.

Die Dekarbonisierung der Welt

Es steht viel auf dem Spiel. Für den Klimatologen Stefan Rahmstorf vom Potsdam-Institut für Klimafolgenforschung sind die Beschlüsse der Pariser Klimakonferenz wissenschaftlich gut begründet und sinnvoll. Um die globale Erwärmung zu stoppen, müssten die Emissionen von Treibhausgasen aber auf null zurückgefahren werden. „Je rascher wir das erreichen, desto weniger Erwärmung", schreibt Rahmstorf in seinem Blog [3]. In der Tat diskutieren Forschende und Politiker intensiv darüber, wie eine Abkehr von fossilen Energieträgern und ein Wechsel hin zu erneuerbaren Energien verwirklicht werden kann. Die Weltwirtschaft soll einer Dekarbonisierung, einer Entkoppelung vom Kohlenstoff aus fossilen Energieträgern, unterzogen werden. Im Klartext bedeuten diese Schritte eine vollkommene Umwandlung von Energieproduktion und Wirtschaft in kurzer Zeit – und zwar so, dass weltweit der Ausstoß von menschengemachten Treibhausgasen zumindest sehr stark gedrosselt wird.

In jedem Fall sind gewaltige Anstrengungen von allen beteiligten Parteien notwendig, angefangen von der Industrie bis zum Gebäudemanagement und zur Bevölkerung. Unser Alltag und unsere Lebensweise müssen und werden sich ohnehin ändern, auch ohne Klimaschutzplan. Wenn fossile Energieträger durch erneuerbare Energien ersetzt werden sollen, wird das die gesamte Wirtschaft verändern. Manfred Linz vom

Wuppertal-Institut für Klima, Umwelt, Energie spricht von einschneidenden Veränderungen in den kommenden Jahrzehnten. Uns steht eine aufregende Zeit bevor.

Ich möchte hier nicht über die politischen und gesellschaftlichen Entwicklungen sprechen, die sich aus den Veränderungen ergeben. Darüber können andere Köpfe kompetenter Auskunft geben. Ich möchte beim Stichwort Nachhaltigkeit verweilen, dem allgegenwärtigen Zauberwort in der Diskussion um eine klimafreundliche Wirtschaft und Gesellschaft.

Was heißt nachhaltig?

Mit der Nachhaltigkeit ist es so eine Sache. Kohle, Erdöl und Erdgas werden wir nie nachhaltig nutzen können, wenn unter „Nachhaltigkeit" der Gebrauch sich selbst erneuernder und nachwachsender Rohstoffe verstanden wird. Kohle und Erdöl wachsen nicht nach, ihre Bildung dauert Jahrmillionen. Auch ein stark verminderter Verbrauch der fossilen Energieträger ist niemals nachhaltig, weil das böse Ende – der vollständige Verbrauch aller irdischen Vorräte – nur aufgeschoben wird, aber unausweichlich bleibt. So gesehen bedarf Nachhaltigkeit einer genaueren Betrachtung.

„Nachhaltigkeit" im Zusammenhang mit natürlichen Ressourcen taucht im deutschsprachigen Raum das erste Mal bei Carl von Carlowitz (1645–1714) auf, Oberberghauptmann des Erzgebirges, königlich-polnischer und kurfürstlich-sächsischer Kammer- und Bergrat. Er verfasste das Werk „Sylvicultura oeconomica, oder haußwirthliche Nachricht und Naturmäßige Anweisung zur wilden Baum-Zucht", in dem er das Prinzip der nachhaltigen Nutzung der Wälder darlegte. Danach soll nicht mehr Holz gefällt werden, als nachwachsen kann. Von Carlowitz war damit seiner Zeit weit voraus. Seine Ideen verhinderten jedoch nicht großflächige Waldrodungen im 18. und 19. Jahrhundert.

Heute wird der Begriff weiter gefasst und meint ganz allgemein einen schonenden Umgang mit den natürlichen Ressourcen und eine möglichst geringe Belastung der Umwelt durch unsere Aktivitäten. Das Thema kam erst im Jahr 1987 richtig in Fahrt, als die Weltkommission für Umwelt und Entwicklung (World Commission on Environment and

Development, WCED) der Vereinten Nationen den Bericht „Our Common Future" oder „Unsere gemeinsame Zukunft" veröffentlichte. In dem 300 Seiten umfassenden Dokument wird der Leitgedanke der Nachhaltigkeit ausgeführt. Die damalige Ministerpräsidentin Norwegens, Gro Harlem Brundtland, hatte den Vorsitz der Kommission inne. Daher wird der Bericht auch als Brundtland-Bericht bezeichnet. Er legt dar, dass globale Umweltprobleme in erster Linie die Folgen der großen Armut im Süden und von nicht nachhaltigen Konsum- und Produktionsmustern im Norden sind. Daher soll eine Strategie zum Zuge kommen, die Entwicklung und Umwelt zusammenbringt – kurz eine nachhaltige Entwicklung. Sie wird im Bericht wie folgt definiert: „Nachhaltige Entwicklung ist eine Entwicklung, die die Bedürfnisse der Gegenwart befriedigt, ohne zu riskieren, dass künftige Generationen ihre eigenen Bedürfnisse nicht befriedigen können". Daraus folgert die Notwendigkeit einer ressourcenschonenden Lebens- und Produktionsweise, um künftigen Generationen ein gutes Leben zu ermöglichen. Angesichts der Folgen des Klimawandels bekommt der Inhalt des Brundtland-Berichtes Aktualität wie nie zuvor.

Nachhaltigkeit bedeutet, dass natürliche Ressourcen möglichst naturschonend genutzt werden, also die Belastungen der Umwelt durch Zerstörung und Abfallstoffe sowie der Naturverbrauch möglichst gering bleiben. Dadurch sollten sie für lange Zeit zur Verfügung stehen – die Lebensgrundlagen sollen dauerhaft bewahrt werden. Es macht Sinn, in einer globalisierten Welt die Nachhaltigkeit nicht nur auf das Nachwachsen und Erneuern von Ressourcen zu beschränken. Kein Beispiel zeigt dies besser als Biokraftstoffe, die unter Umständen alles andere als nachhaltig sind, weil deren Produktion mit der Zerstörung tropischer Regenwälder und langen Transportwegen einhergeht.

Umweltökonomen sprechen von drei Standbeinen einer nachhaltigen Wirtschaft und Gesellschaft:

- **Effizienz:** eine ergiebigere Nutzung von Rohstoffen und Energie durch technische Verbesserungen und Innovationen – das erhöht die sogenannte Ressourcenproduktivität
- **Konsistenz:** Umstellung auf naturverträgliche Technologien und nachwachsende Rohstoffe

- **Suffizienz:** ein geringerer Verbrauch an Energie und Rohstoffen durch eine Verringerung der Nachfrage nach Gütern

Den Bestrebungen zur Abkehr von fossilen Energieträgern stehen pragmatisch gesehen aber eine Reihe von Vorgängen und Entwicklungen entgegen. So werden Transporte von Gütern quer durch die Welt durch den zunehmenden Welthandel nicht weniger, sondern mehr. Internationale Freihandelsabkommen widersprechen im Grunde genommen einer Dekarbonisierung. Auf der einen Seite sollen Emissionen vermindert werden, andererseits werden Prozesse in Gang gesetzt, die zu einer Erhöhung von Emissionen führen. Zudem haben wir eine wachsende Weltbevölkerung, die insgesamt künftig mehr Ressourcen verbrauchen wird als heute. Die heutigen Entwicklungs- und Schwellenländer setzen alles daran, um aus der Armut herauszukommen und denselben Lebensstandard wie die Industrieländer zu erreichen. Das bedeutet mehr Autos, mehr Kraftwerke, mehr Ressourcenverbrauch, mehr Emissionen.

Dennoch ist Resignation fehl am Platz. Die Industrieländer können zeigen, wie eine künftige Wirtschaft ohne Kohle und Erdöl funktioniert, sie können ein Zukunftsmodell entwickeln und ein Wirtschaftssystem vorleben, das auf einem möglichst geringen Rohstoffverbrauch beruht.

Effizienz: Da ist noch viel möglich

Mein Arbeitsplatz befindet sich in einem historischen Gebäude und die Fenster meines Büros sind alte Doppelfenster. Ich möchte nicht wissen, wie viel Wärme in den Wintermonaten hier verloren geht. Wenn Altbauten konsequent mit einer Wärmedämmung und modernen Fenstern ausgestattet werden würden, könnte sehr viel Energie in Form von Heizöl gespart werden. Energiesparen heißt heute Energie effizienter nutzen – gut isolierende Fenster bringen dieselbe Leistung bei einem geringeren Energieverbrauch. Wer im Fernsehen aufmerksam Politikern bei einer Rede zusieht, kann ein kleines, aber gewichtiges Detail beobachten: Ein Blatt Papier des Manuskriptes wird weggeschoben, aber nicht gewendet. Die Papierbögen auf dem Rednerpult sind also einseitig bedruckt, die Rückseite ist leer. Hier könnte eine gewaltige Effizienzsteigerung der Ressource „Papier" verwirklicht werden, indem das Papier auf beiden

Seiten bedruckt wird. Das schmälert nicht den Inhalt der Rede, verdoppelt aber die Kapazität des Papiers, Worte festzuhalten. Im ganzen Land werden in Behörden, Banken, Schulen und in der Industrie Papierbögen nur zur Hälfte gebraucht. Aber doppelseitig bedrucktes Papier vermindert den Papierverbrauch um die Hälfte.

Das ist mit dem Schlagwort Effizienzsteigerung gemeint: dieselbe Leistung mit einem geringeren Energie- und Ressourcenaufwand zu erhalten. Bei Motoren und Kraftwerken bedeutet dies eine technische Verbesserung des Wirkungsgrades, bei Fenstern eine gute Isolation. Effizienzsteigerung besteht also nicht nur aus technischen Lösungen und Innovationen, sondern sehr oft aus einfachsten Maßnahmen, um Energie und Ressourcen zu sparen. Das gilt für viele Dinge im Alltag. Wirtschaftswissenschaftler beobachten allerdings eine unangenehme Begleiterscheinung der Effizienzsteigerung.

Die Gefahr des Bumerangs oder der Rebound-Effekt

In England, der Wiege der industriellen Revolution, machte sich der Ökonom William Stanley Jevons (1835–1882) Gedanken über den Kohleverbrauch und seine künftige Entwicklung. Er veröffentlichte 1865 ein geradezu revolutionäres Buch mit dem Titel „The Coal Question", in dem er auf ein Phänomen hinwies, das heute im Zusammenhang mit Effizienzsteigerung aktueller ist denn je. Er stellte die These auf, dass die Einsparungen von Ressourcen als Folge technischer Effizienzsteigerungen durch einen erhöhten Verbrauch wieder zunichtegemacht werden. Mit anderen Worten: Effizienzsteigerung nützt nichts, wenn der absolute Verbrauch an Ressourcen zunimmt. Jevons erklärte seine Ideen am Beispiel der technischen Verbesserung der Dampfmaschine. Jevons erlebte die enorme Erhöhung des Wirkungsgrades der Dampfmaschinen seiner Zeit, was auf den Erfinder James Watt (1736–1819) zurückging. Dadurch verbrauchte eine Dampfmaschine, das wichtigste Rückgrat der damaligen Wirtschaft, weniger Kohle. Trotz der viel effizienteren Arbeitsweise der modernen Dampfmaschinen stieg aber der Kohlenverbrauch in England stetig an. Die technischen Verbesserungen machten Kohle zu einer kostengünstigeren Energiequelle und führten so zu einer steigenden Anzahl Dampfmaschinen im Schienenverkehr und in der Industrie. Dadurch erhöhte sich insgesamt der Kohlenverbrauch, die Einsparung wurde aufgehoben. Damals machten sich Ökonomen allerdings noch keine Gedanken über Klima und Treibhausgase. Der Mehrverbrauch mündete in ein Mehr von Gütern und Dienstleistungen für die Gesellschaft. Jevons machte sich aber Gedanken über die Endlichkeit der Kohlenvorräte und rechnete aus, wie lange die englischen Kohlengruben den begehrten Stoff noch hergeben konnten.

Der Widerspruch – trotz weniger Verbrauch der einzelnen Maschinen mehr Verbrauch insgesamt – ist heute genauso zu beobachten und wird als „Rebound-Effekt" bezeichnet. Er stellt eine Gefahr für die Bemühungen um Einsparungen an Energie und Ressourcen dar und ist nur schwierig in den Griff zu bekommen.

Es gibt genügend Beispiele in unserer Gesellschaft. Die Automotoren sind in den letzten paar Jahrzehnten durch technische Verbesserungen sicher um einiges effizienter geworden, sie brauchen pro Kilometer weniger Kraftstoff als früher. Das nützt aber nichts, wenn die Anzahl Autos und die Anzahl zurückgelegter Kilometer steigen - schon gar nicht, wenn die Anzahl PS eines Personenkraftwagens (Pkw) durch stärkere Motoren erhöht wird, das Gewicht des Fahrzeuges und die Spitzengeschwindigkeit zunehmen. Schon gar nicht hilft, wenn der so beliebte SUV oder Geländewagen jeden Tag für den Weg zur Arbeit genutzt wird. Der Publizist und Hochschullehrer Wolfgang Sachs spricht denn auch von „Tempomobilen", die anstelle von Automobilen getreten seien, und weist auf die sinnlos überhöhte Leistung hin: „Tempomobile in den Stadtverkehr zu schicken, ist ebenso rational wie Butter mit der Kreissäge zu schneiden" [4]. Hier wird der Gewinn durch energieeffiziente Technik durch eine sinnlose Anwendung eben dieser Technik zunichtegemacht.

Ein anderes Beispiel eines Rebound-Effektes ist der Zusammenhang zwischen der Heizenergie und dem Wohnflächenbedarf. Effizientere Heizungen und Gebäudedämmungen haben den Verbrauch von Heizenergie pro Quadratmeter zwischen 1995 und 2005 in Deutschland um 9 Prozent verringert. Der gesamte Energieverbrauch für das Heizen stieg in demselben Zeitraum aber an. Warum? Da der Wohnflächenbedarf pro Kopf anstieg, wurden die Einsparerfolge kompensiert. Bessere

Heizungen in größeren Wohnungen brachten unter dem Strich keine Verringerung des Energiebedarfs.

Rückschläge ergeben sich aber auch aufgrund von gegenläufigen Prozessen in der Wirtschaft und Gesellschaft. So nehmen der Flugverkehr und der Warentransport zu, was Einsparungen durch effizientere Flugzeuge und Lastwagen annulliert. Ein Teufelskreis! Um dem Rebound-Effekt entgegenzuwirken, bedarf es möglicherweise staatlicher Lenkungsmaßnahmen wie Steuern und Verbote.

Eine ganz andere Strategie der Nachhaltigkeit setzt auf umweltfreundliche Technologie. Hier können Kreativität und Innovationen Erstaunliches bewirken.

Konsistenz: das friedliche Miteinander von Natur und Technik

Konsistenz im Zusammenhang mit Nachhaltigkeit ist nicht gerade ein vertrauter Begriff, erinnert er doch viel eher an die Beschaffenheit eines Kuchenteiges. Konsistenzstrategien haben sehr viel mit Ökolabels, dem Gebrauch nachwachsender und biologisch abbaubarer Rohstoffe, Recycling und der Herstellung langlebiger Produkte statt Wegwerfartikeln zu tun. Es geht also um dauerhafte Einkaufstaschen aus Baumwolle statt Plastiktüten, Mehrwegflaschen statt Einwegflaschen oder Häuser, die aus Holz gebaut sind und mit möglichst wenig Heizenergie warm gehalten werden. In Hamburg steht seit 2013 der „Woodcube", ein Haus mit fünf Geschossen, erbaut aus Massivholz. „Der Woodcube ist das erste Gebäude seiner Art, welches vollständig CO_2-neutral ist – in der Herstellung und im Betrieb – und gleichzeitig Passivhausstandard erreicht", heißt es auf der Webseite des Erbauers [5]. Die Holzkonstruktion enthält weder Leim, PVC oder sonstige Bauchemikalien, ist also frei von jeglichen Schadstoffen. Dank der guten Wärmedämmung ist der Bedarf an Heizenergie gering, sodass der Woodcube den Anforderungen eines Passivhauses genügt.

In Sachen Konsistenz können kreative Ingenieure und Geschäftsleute noch viel erreichen. So existieren zahlreiche Interessengruppen sowie neu gegründete Kleinunternehmen, die mit viel Idealismus das Herstellen nachhaltiger Produkte zum Ziel haben. Bei den Konsistenzstrategien geht es darum, den gesamten Lebenszyklus eines Produktes – von der Herstellung bis zur Entsorgung – mit einem möglichst geringen Naturverbrauch zu verwirklichen. Auf dem Markt sind erstaunliche Entwicklungen zu beobachten. Da gibt es „Slow-Food-Restaurants", deren Küchen regionale Erzeugnisse verarbeiten, als Gegenstück zu „Fast Food", oder Kleider, die nachhaltig produziert werden und auf eine lange Lebensdauer zielen.

Alle diese Bemühungen sind aber umsonst, wenn es keine Unterstützung vonseiten der Verbraucher gibt. Nur wenn die Produkte trotz eines höheren Preises auch gekauft werden, geht die Rechnung auf. Damit bin ich beim dritten und schwierigsten Standbein der Nachhaltigkeit, dem Willen der Bevölkerung, Nachhaltigkeit zu praktizieren. Es braucht etwas, das immens schwierig umzusetzen ist: eine selbstverschriebene Genügsamkeit oder Suffizienz – einfach im Alltag weniger Energie und Rohstoffe brauchen, also weniger konsumieren. Suffizienz richtet sich an die Verbraucher und erfordert ein Umdenken, eine Änderung der Lebenseinstellung und des Konsumverhaltens.

Suffizienz: genügsam und trotzdem gut leben

Schlagworte wie Konsumgesellschaft und Konsumwahn, Überfluss- und Wegwerfgesellschaft und ökologischer Fußabdruck sind schon seit Jahren Bestandteil der öffentlichen Diskussion, doch leben wir im Großen und Ganzen immer noch über dem Maß aller guten Dinge. Aber es tut sich etwas, zaghafte Ansätze eines Gesinnungswandels sind erkennbar. Man spricht von Entschleunigung, von der Notwendigkeit eines Umdenkens, von Recycling, und immer mehr Menschen finden, dass es mit all unserem Überfluss einfach nicht weitergehen kann.

Manfred Linz vom Wuppertal-Institut definiert Suffizienz als „Lebens- und Wirtschaftsweise, die dem übermäßigen Verbrauch von Gütern und damit Stoffen und Energie ein Ende setzt". Mit anderen Worten heißt das, weniger zu konsumieren.

Suffizienz vorzuleben, bedeutet nun in keiner Weise, zu einem Angehörigen der Alternativkultur oder zu einem „Öko-Fuzzi" zu werden. Nein, für Suffizienz braucht es lediglich Vernunft, einen gesunden Menschenverstand und ein bisschen Zeit zum Nachdenken und Hinterfragen. Macht es beispielsweise Sinn, den täglichen Arbeitsweg in einem

Abb. 14.1 Elektromobilität ist klimaschonend, aber nur, wenn der Strom auf eine umwelterträgliche Weise produziert wird.

unnötig stark motorisierten Fahrzeug zurückzulegen? Macht es Sinn, für drei Nächte nach New York zu fliegen, um den dortigen Weihnachtsmarkt zu besuchen, oder tut es der Nürnberger Weihnachtsmarkt nicht auch? Bei der Suffizienz geht es nur darum, mit Maß und Ziel die schönen Dinge zu nutzen, die die Menschen erfunden haben. Das bedeutet nicht Verzicht. Soziologen und Psychologen haben schon längst herausgefunden, dass sich persönliches Glück und Zufriedenheit nicht am Besitz vieler großer Güter orientieren.

Sich in Suffizienz zu üben, hätte – konsequent praktiziert – ein enormes Potenzial in der Verminderung von Ressourcenverbrauch und Emissionen. Hier haben es die Verbraucher in der Hand!

Zwei Beispiele mögen das veranschaulichen: Die deutschen Haushalte verbrauchten 2015 insgesamt etwa 132 Terawattstunden Strom. Eine Terawattstunde entspricht einer Milliarde Kilowattstunden und ist ein gängiges Maß beim Aufstellen der Strombilanz ganzer Länder. Gewerbe, Handel und Dienstleistungen verbrauchten in demselben Jahr insgesamt etwa 149 Terawattstunden. Wenn in jedem Sektor nur 10 Prozent weniger verbraucht werden würden, ergäbe das eine Einsparung von 28 Terawattstunden. Diese Menge entspricht ziemlich genau der jährlichen Stromerzeugung des Kraftwerkes Niederaußem, das Kraftwerk mit dem größten CO_2-Ausstoß pro Jahr in Deutschland (Tab. 12.1). Diese Menge entspricht auch der Leistung von sage und schreibe etwa 2000 großen Windrädern.

Das zweite Beispiel bezieht sich auf den Verkehr, der im Jahr 2016 164 Millionen Tonnen Kohlendioxid erzeugte. Mit nur 10 Prozent weniger Verbrauch haben wir eine Verminderung um die Menge, die das Kraftwerk Boxberg jährlich ausstößt.

Welche Chancen haben Effizienz, Konsistenz und Suffizienz auf dem Weg in eine Welt ohne fossile Energieträger? Das Ansehen der drei Bereiche in der Öffentlichkeit und bei Experten ist unterschiedlich. Effizienzsteigerung wird gutgeheißen, man setzt gerne auf Technik und hofft, dass sie die Probleme löst. Bei den Konsistenzstrategien stellt sich die Frage der Machbarkeit. Es wäre unmöglich, alle neu zu errichtenden Häuser aus Massivholz zu bauen wie den Hamburger „Woodcube" – der Holzbedarf wäre zu hoch. Suffizienz genießt das geringste Ansehen in der

Bevölkerung, weil eine Änderung des eigenen Verhaltens gefordert wird. Hier braucht es sehr viel Überzeugungsarbeit und politische Maßnahmen durch Anreize und Begrenzungen, um einen geringeren Verbrauch an natürlichen Ressourcen durch einen verminderten Konsum zu erreichen. Eine Begrenzung, die niemandem schadet, wäre etwa die Einführung des Tempolimits auf den Autobahnen.

Sind die Klimaziele erreichbar?

Umweltökonomen und alle anderen Experten, die sich mit dem Thema beschäftigen, sind sich einig: Um die Klimaziele der Pariser Klimakonferenz zu erreichen, um die Emissionen wirkungsvoll und rechtzeitig zu vermindern, braucht es alle drei Essenzen der Nachhaltigkeit. Diese müssen in sämtlichen Sektoren der Wirtschaft umgesetzt werden. Auch Suffizienz oder eben ein gerüttelt Maß an Genügsamkeit gehören dazu.

Der schwedische Umweltökonom Johann Rockström und Kollegen haben einen radikalen Fahrplan vorgeschlagen, um die Weltwirtschaft von fossilen Energieträgern loszulösen: Ab 2020 sollen die Emissionen jedes Jahrzehnt halbiert werden. Christiana Figueres, Generalsekretärin des Sekretariats der UN-Klimarahmenkonvention und treibende Kraft an der Pariser Klimakonferenz von 2015, schreibt in einem Aufsatz: „Die Emissionen weltweit zu senken, ist eine monumentale Aufgabe. Doch die Forschung zeigt uns, dass dies notwendig, wünschenswert und machbar ist“ [6].

Vielleicht ist der Umschwung tatsächlich möglich. In den letzten Jahren stiegen die Emissionen an Kohlendioxid als Folge der Verbrennung fossiler Energieträger nicht mehr so stark an wie in den vorausgehenden Jahrzehnten. Ländern wie China gelingt es trotz enormem Wirtschaftswachstum, die Emissionen Jahr für Jahr zurückzufahren. Ob eine vollständige Abkehr von Kohle, Erdöl und Erdgas möglich sein wird, bleibt eine offene Frage. Die nahe Zukunft wird dies zeigen.

15. SCHLUSSBETRACHTUNGEN

Der Klimawandel ist in vollem Gang und hat mit dem rasanten Anstieg von Treibhausgasen im 19. Jahrhundert begonnen. Er ist kein mögliches Zukunftsszenario, sondern Realität. Wir beginnen allerdings erst jetzt, seine Auswirkungen zu spüren. Die Wetterkapriolen, durch den Klimawandel bedingt, treten aus dem Hintergrundrauschen natürlicher Wetterschwankungen immer deutlicher hervor. Wochenlang Hitze und kein Regen, dann heftige Stürme, Starkregen mit Hochwasser, Winter ohne Schnee – auch in Deutschland ist das Klima durcheinandergeraten. Als ich Kind war, gehörten das Bauen von Schneemännern und Schneehütten genauso zum Winter wie weiße Weihnachten, doch diese Zeiten sind vorbei.

Was ich in den vorangegangenen Kapiteln berichtet habe, ist Teil dieser Realität. Ich habe nicht von Zukunftsprognosen und möglichen Entwicklungen in weiter Ferne gesprochen, sondern von Veränderungen, die sichtbar und messbar eingetreten sind. Alle diese Veränderungen beruhen auf einem Anstieg der mittleren globalen Temperatur von lediglich 0,85 °C seit 1880. Wenn weniger als 1 °C Erwärmung bereits sichtbare und spürbare Auswirkungen hat, mit unangenehmen Folgen für uns – was ist dann bei einem Anstieg um mehrere Grad zu erwarten? Das liegt im Bereich der Prognosen, die Klimaforscher aufgrund von Klimamodellen formulieren.

Viele Aspekte des komplexen Klimasystems unseres Planeten sind noch nicht verstanden. Daher sollte es auch nicht weiter überraschen, wenn die Klimaforschung unerwartete Befunde zutage fördert oder wenn Ansichten überholt werden müssen. So gab es in den letzten paar Jahren ungewöhnlich strenge Winter in Europa und den USA, mit Schneestürmen in Amerika, Schneefall auf Palma de Mallorca und eisiger Kälte in Mittel- und Osteuropa. Das sind aber keine Beweise für die Nichtexistenz des Klimawandels. Im Gegenteil, die strengen Winter hängen mit dem Schmelzen des arktischen Meereises zusammen, wodurch die Verhältnisse der Luftströmungen und Wetterverhältnisse auf der Nordhalbkugel so verändert werden können, dass kalte Polarluft bis in mittlere Breitengrade vordringt. Das Beispiel zeigt wieder einmal mehr, dass der Klimawandel eine Zunahme der Klimavariabilität bedeutet.

Eine kurze Beobachtungszeit

Der heutige Klimawandel ist keine 200 Jahre alt, denn er setzte erst mit dem Beginn der Industrialisierung Mitte des 19. Jahrhunderts ein. Die rapide Zunahme an Kohlendioxid und anderen Treibhausgasen ist die Begleiterscheinung dieser Entwicklung. Wetterdaten werden erst Ende des 19. Jahrhunderts systematisch erhoben, die Messungen von Treibhausgasen in der Luft erst seit den 60er-Jahren. Die Beobachtungszeit und die Datengrundlage für das Dokumentieren des Klimawandels sind also kurz und begrenzt, damit müssen wir leben. Daher ist auch die Klimaforschung noch sehr jung. Die Erforschung der Ursachen und Folgen des heutigen Klimawandels begann erst in den 80er-Jahren und intensivierte sich gewaltig in den 90er-Jahren. Das zeigt die rasche Zunahme der Anzahl an Fachartikel zu den Themen Klimawandel und globale Erwärmung seit dieser Zeit.

Alles in allem blickt die Klimaforschung auf einen Zeitraum von etwa 40 Jahren zurück, während denen vor allem die letzten Jahre sehr viele neue Erkenntnisse brachten. Da braucht es niemanden wundern, wenn es noch viele offene Fragen und Unsicherheiten gibt. Die gesamte Wissenschaftsgeschichte ist durch ständige neue Erkenntnisse, neue Fragen und neue Theorien geprägt – das ist in Chemie und Physik nicht anders als in der Klimaforschung oder der Krebsforschung. Daher spielt es auch keine Rolle, ob die Häufigkeit von Tropenstürmen zurückgeht, dafür ihre Intensität zunimmt oder umgekehrt, oder ob doch beides zunimmt. Wegen der kurzen Beobachtungszeit, die uns zur Verfügung steht, werden viele Menschen zu leicht von vermeintlichen Beruhigungsphasen in der Wetterküche dazu verleitet, den Klimawandel nicht weiter ernst zu nehmen oder gar herunterzuspielen. Extremereignisse im Wettergeschehen werden aber zunehmen – in der einen oder anderen Form. Maßgebend ist doch, dass es in der Wetterküche zunehmend stärker brodelt.

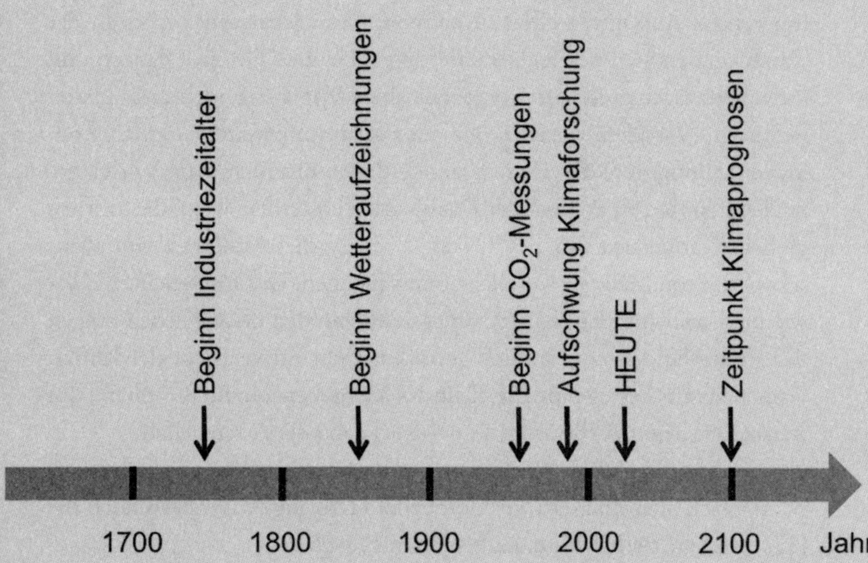

Abb. 15.1 Meilensteine in der Geschichte des modernen Klimawandels.

Die Folgen des Klimawandels

Auch die Ökologie als Zweig der Lebenswissenschaften ist jung und begann in den 60er-Jahren ihren Aufschwung. Die Zusammenhänge in der Natur, die Dynamik von Lebensgemeinschaften und die Rolle der Beziehungen zwischen verschiedenen Arten sind noch nicht sehr lange Gegenstand der ökologischen Forschung. Somit ist das Abschätzen der Folgen des Klimawandels für Mensch und Natur schwierig und mit Unsicherheiten behaftet. Wir verstehen das System Erde einfach noch zu wenig, um genaue Aussagen treffen zu können. Das ändert aber nichts an der Tatsache, dass sich bereits Veränderungen bei den Tieren, Pflanzen und ihren Lebensgemeinschaften ergeben haben. Wir wissen nicht, wohin diese führen – vor allem, wenn die globale Erwärmung weiter voranschreitet. Sicher ist hingegen, dass diese Veränderungen uns nicht zum Vorteil gereichen. Sollten 90 Prozent der Korallenriffe absterben, wenn die mittlere globale Temperatur um 1,5 °C steigt, betrifft dies Millionen von Menschen, die von intakten Korallenriffen abhängen. Das Fischereiwesen sowie die Forst- und Landwirtschaft werden von den ökologischen Folgen des Klimawandels empfindlich getroffen. Sehr oft verstärkt der Klimawandel bereits bestehende Einflüsse des Menschen auf die Biosphäre, wie Zerstörung von Lebensräumen oder Rückgang der Artenvielfalt.

Sollte die globale Erwärmung andauern, wird dies nicht nur das Klimageschehen noch stärker durcheinanderbringen, sondern auch die ökologischen Verhältnisse der gesamten Biosphäre.

Klimawandel heute und einst

„Klimawandel gab es schon immer" lautet eines der meist gehörten Argumente, um dem heutigen Klimawandel seine Dramatik zu nehmen und ihn zu einem normalen und natürlichen Ereignis herunterzustufen. Bei richtiger Überlegung ist das Argument nicht haltbar. Selbstverständlich gab es in der langen Erdgeschichte immer wieder klimatische Veränderungen. Es gab auch schon mal Zeiten, in denen die Erde ein glühender Feuerball war, und Zeiten, in denen sie beinahe komplett vereiste. Es gibt aber zwei fundamentale Unterschiede zwischen dem heutigen Klimawandel und sämtlichen Klimaänderungen der vergangenen Zeiten. Heute trägt der Mensch durch die Verbrennung fossiler Energieträger und der

Veränderung der Landschaft, vor allem durch Waldrodungen, maßgeblich zur Klimaänderung bei. Vor dem Beginn des Industriezeitalters hatte niemand Kohle, Erdöl und Erdgas aus der Tiefe nach oben gebracht und angezündet. Der andere Unterschied ist die Geschwindigkeit der Änderung. Der heutige Anstieg der globalen Durchschnittstemperatur verläuft in einem Tempo, das es so noch nie gab. Es spielt also keine Rolle, welcher Art frühere Klimaänderungen waren! Weil wir zum heutigen Klimawandel beitragen, ergibt sich auch von ganz alleine die Verantwortung zum Handeln.

Die gesellschaftliche Verantwortung

Es steht viel auf dem Spiel und die gesellschaftliche Bedeutung unseres Einflusses auf das Klima kann nicht genug unterstrichen werden. Die eigentliche Ursache, die gesamte technische Entwicklung seit dem 18. Jahrhundert bis heute, verbunden mit einem enormen Ressourcenverbrauch und einem Anwachsen der Weltbevölkerung, ist Teil der neueren Geschichte. Wir müssen diese geschichtliche Entwicklung zur Kenntnis nehmen und realisieren, dass wir heute leider in einer Zeit leben, in der die Einflüsse des Menschen auf die Umwelt einen kritischen Wert erreicht haben. Wir spüren das nicht nur am Klimawandel, sondern auch an anderen Entwicklungen wie dem Schwinden der biologischen Vielfalt, am Vorrücken der Wüsten, an der Umweltverschmutzung und an der Verknappung wertvoller Rohstoffe. Das Maß ist voll und wir können nicht wie bisher weitermachen.

Daraus ergibt sich Handlungsbedarf, dessen oberstes Ziel die Verminderung von Treibhausgasemissionen sein muss. Warum tun sich so viele Menschen schwer damit? In anderen Bereichen ist die Bereitschaft zum Handeln oder die Akzeptanz von Maßnahmen viel größer. Nehmen wir eine andere Entwicklung, die wir mit Sorge beobachten: den Artenschwund. Viele Arten sterben aus und der Verlust an Artenvielfalt hat in den letzten paar Jahren stark zugenommen. Niemand würde ernsthaft die Bemühungen der Naturschutzorganisationen infrage stellen, dem Artenschwund entgegenzuwirken. Wiederansiedlungen bedrohter Arten, der Schutz von Lebensräumen und die Wiederherstellung zerstörter Lebensräume werden im Allgemeinen gutgeheißen. Beim Klimaschutz –

besser wäre, von Klimamanagement zu sprechen, denn „schützen" lässt sich das Klima nicht – scheint die Umsetzung von Maßnahmen schwierig. Hier braucht es wohl vermehrte Aufklärung, die bereits in der Schule beginnen muss.

Dem Klimawandel zu begegnen, ist eine gesellschaftliche Aufgabe, zu der jeder seinen Beitrag leisten sollte. Es genügt nicht, auf Technik und Politiker allein zu setzen. Die Bereitschaft der gesamten Gesellschaft, an einer Verminderung der Emissionen mitzuwirken, ist dringend erforderlich.

Was können wir tun?

Man spricht viel von Klimaanpassung und die letzten paar Kapitel haben die Möglichkeiten gezeigt. Alle diese Maßnahmen sind sinnvoll, haben aber dennoch ihre Grenzen. Wir können bauliche Vorkehrungen treffen, um Schäden durch Extremwetterereignisse zu verhindern oder wenigstens zu mindern. Die USA können aber nicht ihre küstennahen Städte ins Landesinnere verlagern und wir können nicht die Menschen entlang der großen Flüsse umsiedeln, um Hochwasseropfer und -schäden zu verhindern. Wir können auch nicht unproduktiv gewordene Landwirtschaftsflächen aufgeben und woanders neue errichten. Unser Planet ist so dicht besiedelt, dass wir uns auf die veränderten klimatischen Verhältnisse eigentlich nicht einstellen können. Wir können nicht ausweichen.

Dennoch können wir sehr viel tun, wie die vorangegangenen Kapitel gezeigt haben, um der Ursache des heutigen Klimawandels entgegenzuwirken. Die Verminderung von Emissionen an Treibhausgasen ist die dringlichste aller Anpassungsmaßnahmen. Dazu gehört auch, dass wir unser Konsumverhalten überdenken und unsere Art und Weise des Technikgebrauchs. Wir müssen einen neuen Umgang mit den natürlichen Ressourcen pflegen.

Klimamodelle und das Jahr 2100

Was Klimamodelle anbelangt, sind sie ein unentbehrliches Instrument für die Klimaforschung und haben in der Vergangenheit wesentlich zu einem besseren Verständnis des Klimasystems beigetragen. Jede Wettervorhersage beruht heute auf Klimamodellen, und dank den immer weiter optimierten Klimamodellen haben sich die Wetterprognosen in den letzten paar Jahrzehnten gewaltig verbessert.

Für die heutigen Klimamodelle, im Wesentlichen Computersimulationen, sind eine Unmenge von Daten und Hochleistungsrechner notwendig. Ziel ist, die künftige Entwicklung des Klimas in verschiedenen Regionen vorauszusagen.

Für solche Prognosen wird üblicherweise die Zeit bis zum Jahr 2100 betrachtet. Das Jahr 2100 erscheint uns in weiter Ferne, doch so lange dauert das nicht mehr! Unsere Kleinen, die heute das Laufen lernen und mit Bauklötzchen spielen, haben gute Chancen, das Jahr 2100 zu erleben. Wir müssen in unserer schnelllebigen Gesellschaft wieder langfristiges Denken üben.

Die kommenden Jahrzehnte werden zeigen, ob eine Abkehr von fossilen Energieträgern möglich ist, ob die Emissionen auf null zurückgefahren werden können und ob eine Begrenzung des Anstiegs der mittleren globalen Temperatur auf höchstens 2 °C machbar ist. Es steht uns eine gewaltige Aufgabe bevor. Hans Joachim Schellnhuber, Gründer des Potsdamer Institutes für Klimafolgenforschung und international anerkannter Klimaforscher, meinte in einem Vortrag zum Thema, dass wir die Ziele des Pariser Klimaabkommens erreichen können, wenn wir jetzt und überall daran arbeiten. Lassen Sie mich daher meine Ausführungen mit einem afrikanischen Sprichwort beschließen: „Wenn viele kleine Menschen an vielen kleinen Orten viele kleine Schritte tun, verändert sich die Welt.“

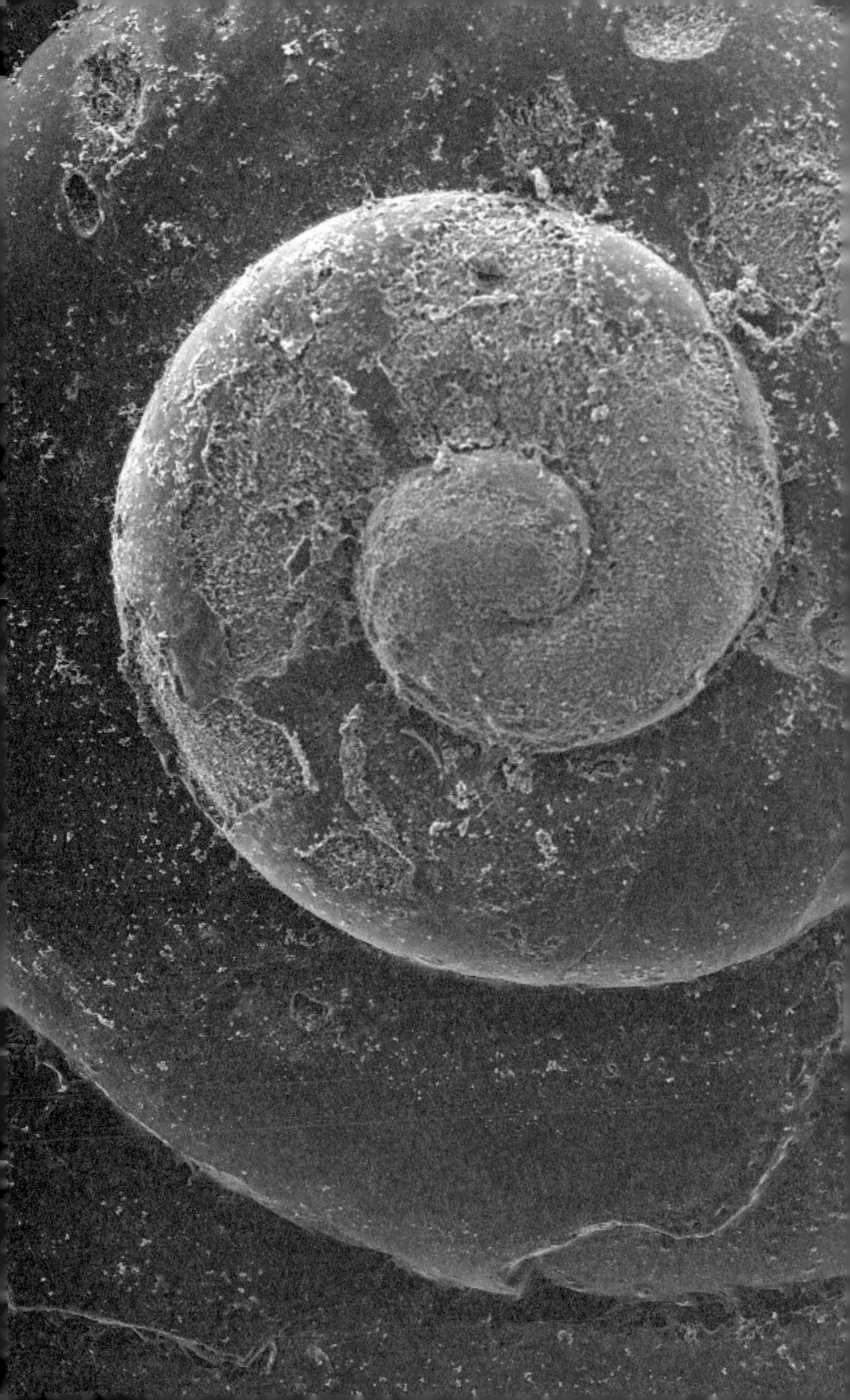

ANHANG

LITERATURVERZEICHNIS UND QUELLEN

Kapitel 1

Brock WH (1997): Viewegs Geschichte der Chemie. Vieweg & Sohn mbh, Braunschweig.

DFG (2017): The MAK Collection for Occupational Health and Safety. Deutsche Forschungsgemeinschaft. URL: http://onlinelibrary.wiley.com/doi/10.1002/3527600418.mb12438d0009/ pdf. Letzter Zugriff am 20. August 2017.

Jürgen Blecker J (2010): Chemie für jedermann. Compact Verlag, München.

Reichstein M (2015): Universell und überall. Der terrestrische Kohlenstoffkreislauf im Klimasystem. In: Jochem Marotzke, Martin Stratmann (Hrsg.): Die Zukunft des Klimas. Neue Erkenntnisse, neue Herausforderungen. Ein Report der Max-Planck-Gesellschaft. C.H. Beck Verlag, München.

Kapitel 2

Inagaki F, Kuypers MMM, Tsunogai U, Ishibashi J, Nakamura K, Treude T, Ohkubo S, Nakaseama M, Gena K, Chiba H, Hirayama H, Nunoura T, Takai K, Jørgensen BB, Horikoshi K, Boetius A (2006): Microbial community in a sediment-hosted CO_2 lake of the southern Okinawa Trough hydrothermal system. Proceedings of the National Academy of Sciences USA 103, 14164–14169.

Jörg Ott (1996): Meereskunde. Einführung in die Geographie und Biologie der Ozeane. Ulmer, Stuttgart.

Hans-Ulrich Schmincke (2004): Volcanism. Springer, Heidelberg.

Kapitel 3

Buffet B, Archer D (2004): Global inventory of methane clathrate: sensitivity to changes in the deep ocean. Earth and Planetary Science Letters 227, 185–199.

Global Carbon Project (2016): Global Carbon Budget. URL: http://www.globalcarbonproject.org. Letzter Zugriff am 20. August 2017.

Kadereit JW, Körner C, Kost B, Sonnewald U (2014): Strasburger. Lehrbuch der Pflanzenwissenschaften. Springer-Verlag, Berlin und Heidelberg.

Martin K (2009): Klimatologie. Spektrum Akademischer Verlag, Heidelberg.

Milkov AV (2004): Global estimates of hydrate-bound gas in marine sediments: how much is really out there? Earth Science Reviews 66, 183–197.

Reichstein M (2015): Universell und überall. Der terrestrische Kohlenstoffkreislauf im Klimasystem. In: Jochem Marotzke, Martin Stratmann (Hrsg.): Die Zukunft des Klimas. Neue Erkenntnisse, neue Herausforderungen. Ein Report der Max-Planck-Gesellschaft. C.H. Beck Verlag, München, Seite 123–136.

Reichstein M, Bahn M, Ciais P et al. (2013): Climate extremes and the carbon cycle. Nature 500, 287–295.

Kapitel 4

[1] NOAA (2017): Earth System Research Laboratory. URL: https://www.esrl.noaa.gov/gmd/ccgg/trends/. Letzter Zugriff am 20. August 2017. https://www.esrl.noaa.gov/gmd/webdata/ccgg/trends/co2_data_mlo.png. Letzter Zugriff am 20. August 2017.

[2] Benton (1970), Seite 898. Übersetzung des Autors.

[3] Rahmstorf S, Schellnhuber HJ (2012), Seite 23.

[4] IPCC (2007a), Seiten 2–3.

Benton GS (1970): Carbon dioxide and its role in climate change. Proceedings of the National Academy of Sciences USA 67, 898–899.

BMUB (2017): Kernbotschaften des Fünften Sachstandsberichts des IPCC. Klimaänderung 2013: Naturwissenschaftliche Grundlagen (Teilbericht 1). Bundesministerium für Umwelt, Naturschutz, Bau und Reaktorsicherheit. URL: http://www.bmub.bund.de/fileadmin/Daten_BMU/Download_PDF/Klimaschutz/ipcc_sachstandsbericht_5_teil_1_bf.pdf. Letzter Zugriff am 20. August 2017.

Deutscher Wetterdienst (2017): Deutscher Klimaatlas. URL: https://www.dwd.de/DE/leistungen/deutscherklimaatlas/deutscherklimaatlas.html. Letzter Zugriff am 20. August 2017.

GISTEMP Team (2017): GISS Surface Temperature Analysis (GISTEMP). NASA Goddard Institute for Space Studies. URL: https://data.giss.nasa.gov/gistemp. Letzter Zugriff am 20. August 2017.

Graßl H (2007): Was stimmt? Klimawandel: die wichtigsten Antworten. Herder-Spektrum, München.

Hansen J, Ruedy R, Sato M, Lo K (2010): Global surface temperature change. Reviews of Geophysics 48, RG4004, doi:10.1029/2010RG000345.

IPPC (2007a): Zusammenfassung für politische Entscheidungsträger. In: Klimaänderung 2007. Wissenschaftliche Grundlagen. Beitrag der Arbeitsgruppe I zum Vierten Sachstandsbericht des Zwischenstaatlichen Ausschusses für Klimaänderung (IPCC), Solomon S, Qin D, Manning M, Chen Z, Marquis M, Averyt KB, Tignor M, Miller HL, Hrsg. Cambridge University Press, Cambridge, UK und New York, USA. Deutsche Übersetzung durch ProClim, österreichisches Umweltbundesamt, deutsche IPCC-Koordinationsstelle, Bern/Wien/Berlin, 2007. URL: https://www.ipcc.ch/pdf/reports-nonUN-translations/deutch/IPCC2007-WG1.pdf. Letzter Zugriff am 20. August 2017.

IPCC (2007b): Climate Change 2007. The Physical Science Basis. Contribution of Working Group I to the Fourth Assessment Report of the Intergovernmental Panel on Climate Change. Solomon S, Qin D, Manning M, Chen Z, Marquis M, Averyt KB, Tignor M, Miller HL (Hrsg.): Cambridge University Press, Cambridge, UK and New York, USA.

Keeling CD (1960): The concentration and isotopic abundances of carbon dioxide in the atmosphere. Tellus 12, 200–203.

Latif M (2007): Bringen wir das Klima aus dem Takt? Hintergründe und Prognosen. Fischer Taschenbuch Verlag, Frankfurt am Main.

Rahmstorf S, Schellnhuber HJ (2012): Der Klimawandel. C.H. Beck, München.

Schellnhuber HJ (2015): Selbstverbrennung. Die fatale Dreiecksbeziehung zwischen Klima, Mensch und Kohlenstoff. C. Bertelsmann, München.

Solomon S, Plattner G, Knutti R, Friedlingstein P (2009): Irreversible climate change due to carbon dioxide emissions. Proceedings of the National Academy of Sciences USA 106, 1704–1709.

Wissensmagazin (2017): Ältestes Eis der Erde entdeckt. URL: http://www.scinexx.de/wissen-aktuell-21785-2017-08-17.html. Letzter Zugriff am 20. August 2017.

Kapitel 5

[1] Körner C, Miglietta F (1994), Seite 350. Übersetzung des Autors.

[2] Bader MKF et al. (2013), Seite 1509. Übersetzung des Autors.

[3] Bader MKF et al. (2013), Seite 1517. Übersetzung des Autors.

[4] Latif M (2007), Seite 67.

Bader MKF, Leuzinger S, Keel SG, et al. (2013): Central European hardwood trees in a high-CO_2 future: synthesis of an 8-year forest canopy CO_2 enrichment project. Journal of Ecology 101, 1509–1519.

Granados J, Körner C (2002): In deep shade, elevated CO_2 increases the vigor of tropical climbing plants. Global Change Biology 8, 1109–1117.

Körner C (2006): Plant CO_2 responses: an issue of definition, time and resource supply. New Phytologist 172, 393–411.

Körner C, Miglietta F (1994): Long term effects of naturally elevated CO_2 on mediterranean grassland and forest trees. Oecologia 99, 343–351.

Körner C, Asshoff R, Bignucolo O, Hättenschwiler S, Keel SG, Pelaez-Riedl S, Pepin S, Siegwolf RTW, Zotz G (2005): Carbon flux and growth in mature deciduous forest trees exposed to elevated CO_2. Science, 309, 1360–1362.

Latif M (2007): Bringen wir das Klima aus dem Takt? Hintergründe und Prognosen. Fischer Taschenbuch Verlag, Frankfurt a. M.

SCC (2017): The Swiss Canopy Crane Project. URL: https://plantecology.unibas.ch/scc/index.shtml. Letzter Zugriff am 20. August 2017.

Whittaker JB (1999): Impacts and responses at population level of herbivorous insects to elevated CO_2. European Journal of Entomology 96, 149–156.

Kapitel 6

[1] Hanewinkel M et al. (2013), Seite 203. Übersetzung des Autors.

[2] Westerling AL (2016), Seiten 4 und 7.

Hanewinkel M, Cullmann DA, Schelhaas MJ, Nabuurs GJ, Zimmermann NE (2013): Climate change may cause severe loss in the economic value of European forest land. Nature Climate Change 3, 203–207.

Johnstone JA, Dawson TE (2010): Climatic context and ecological implications of summer fog decline in the coast redwood region. Proceedings of the National Academy of Sciences USA 107, 4533–4538.

Köhl M, Plugge D, Gutsch M, Lasch-Bron P, Müller M, Ryer C (2017): Wald und Forstwirtschaft. In: Brasseur GP, Jacob D, Schuck-Zöller S (Hrsg.): Klimawandel in Deutschland. Springer Spektrum, Heidelberg, Seiten 193–201.

Pechony O, Shindell DT (2010): Driving forces of global wildfires over the past millenium and the forthcoming century. Proceedings of the National Academy of Sciences USA 107, 19167–19170.

Rigling A, Dobbertin M, Bürgi M et al. (2006): Verdrängen Flaumeichen die Walliser Waldföhren? Eidg. Forschungsanstalt WSL. Merkblatt für die Praxis 41.

Save the Redwoods League (2017): Past, Present and Future of Redwoods. A Redwood Ecology & Climate Symposium. URL: https://www.savetheredwoods.org/wp-content/uploads/RCCI-Symposium-2013-Abstracts.pdf. Letzter Zugriff am 20. August 2017.

Seidl R, Rammer W (2017): Climate change amplifies the interactions between wind and bark beetle disturbances in forest landscapes. Landscape Ecology 32, 1485–1498.

Seidl R, Thom D, Kautz M et al. (2017): Forest disturbances under climate change. Nature Climate Change 7, 395–402.

Thom D, Seidl R (2016): Natural disturbance impacts on ecosystem services and biodiversity in temperate and boreal forests. Biological Reviews 91, 760–781.

Westerling AL (2016): Increasing western US forest wildfire activity: sensitivity to changes in the timing of spring. Philosophical Transactions of the Royal Society London 371, e20150178.

Wohlgemuth T, Brang P, Bugmann H, et al. (2014): Forschung zu Wald und Klimawandel in Mitteleuropa: eine Werkschau. Schweizerische Zeitschrift für das Forstwesen 165, 27–36.

Kapitel 7

[1] AWI (2017): URL: https://www.awi.de/im-fokus/permafrost/ein-symbolischer-baum-in-der-russischen-arktis.html. Letzter Zugriff am 20. August 2017.

[2] Global Terrestrial Network for Permafrost (2017): URL: http://www.gtnpdatabase.org/boreholes/view/53. Letzter Zugriff am 20. August 2017.

[3] Jorgenson et al. (2001), Seite 571.

[4] Marty et al. (2009), Seite 201.

[5] Fischer et al. (2012), Seite 250. Übersetzung des Autors.

Fischer L, Purves RS, Huggel C et al. (2012): On the influence of topographic, geological and cryospheric factors on rock avalanches and rockfalls in high-mountain areas. Natural Hazards and Earth System Sciences 12, 241–254.

Jorgenson MT, Racine CH, Walters JC, Osterkamp TE (2001): Permafrost degradation and ecological changes associated with a warming climate in central Alaska. Climatic Change 48, 551–579.

Kull I, Zimmermann M (2016): Herausforderungen für Forschung, Praxis und Gesellschaft im Umgang mit klimabedingten Naturrisiken – Fallbeispiel Haslital (Kanton Bern). Swiss Academies Reports 11, 70–73.

Mackelprang R, Waldrop MP, DeAngelis KM et al. (2011): Metagenomic analysis of a permafrost microbial community reveals a rapid response to thaw. Nature 480, 368–373.

Marty C, Phillips M, Lehning M et al. (2009): Klimaänderung und Naturgefahren in Graubünden. Schweizerische Zeitschrift für das Forstwesen 160, 201–209.

Portnov A, Smith AJ, Mienert J et al. (2013): Offshore permafrost decay and massive seabed methane escape in water depths >20m at the South Kara Sea shelf. Geophysical Research Letters 40, 3962–3967.

Schuur EAG, Abbott B (2011): High risk of permafrost thaw. Nature 480, 32–33.

Schuur EAG, McGuire AD, Schädel C et al. (2015): Climate change and the permafrost carbon feedback. Nature 520, 171–179.

Voigt C, Marushchak ME, Lamprecht RE et al. (2017): Increased nitrous oxide emissions from Arctic peatlands after permafrost thaw. Proceedings of the National Academy of Sciences USA 114, 6238–6243.

Kapitel 8

[1] https://www.welt.de/wissenschaft/umwelt/article9634294/ Klimawandel-laesst-auf-Groenland-Erdbeeren-gedeihen.html. Letzter Zugriff am 20. August 2017.

[2] García-Ruiz et al. (2013), Seite 20.

[3] https://www.umwelt.sachsen.de/umwelt/boden/12208.htm. Letzter Zugriff am 20. August 2017.

[4] Myers SS, et al. (2014), Seite 139. Übersetzung des Autors.

[5] Myers SS, et al. (2014), Seite 141. Übersetzung des Autors.

Broberg MC, Högy P, Pleijel H (2017): CO_2-induced changes in wheat grain composition: meta-analysis and response functions. Agronomy 7, 32. DOI:10.3390/agronomy7020032

Europäische Umweltagentur (2015): Landwirtschaft und Klimawandel. URL: https://www.eea.europa.eu/de/signale/signale-2015/artikel/landwirtschaft-undklima-wandel. Letzter Zugriff am 20. August 2017.

FAO, IFAD and WFP (2015): The State of Food Insecurity in the World 2015. Meeting the 2015 international hunger targets: taking stock of uneven progress. FAO, Rome.

García-Ruiz JM, Nadal-Romero E, Lana-Renault N, Beguería S (2013): Erosion in Mediterranean landscapes: changes and future challenges. Geomorphology 198, 20–36.

Högy P, Fangmeier A (2009): Atmospheric CO_2 enrichment affects potatoes: 2. Tuber quality traits. European Journal of Agronomy 30, 85–94.

IPCC (2007): Climate Change 2007. Mitigation of Climate Change. Intergovernmental Panel on Climate Change (IPCC), Working Group III, Contribution to the Fourth Assessment Report. Cambridge, New York: Cambridge University Press.

Myers SS, Zanobetti A, Kloog I, et al. (2014): Increasing CO_2 threatens human nutrition. Nature 510, 139–142.

Pleijel H, Uddling J (2012): Yield vs. quality trade-offs for wheat in response to carbon dioxide and ozone. Global Change Biology 18, 596–605.

Umweltbundesamt (2017): Boden und Landwirtschaft. URL: https://www.umweltbundesamt.de/themen/boden-landwirtschaft. Letzter Zugriff am 20. August 2017.

WBGU (2009): Welt im Wandel: Zukunftsfähige Bioenergie und nachhaltige Landnutzung. Wissenschaftlicher Beirat der Bundesregierung Globale Umweltveränderungen (WBGU), Berlin.

World Food Programme (2017): Climate impacts on food security and nutrition. A review of existing knowledge. URL: https://www.wfp.org/climate-change/climate-impacts. Letzter Zugriff am 20. August 2017.

Kapitel 9

[1] Bruno und Valdivia (2016), Seite 1. Übersetzung des Autors.

[2] Pörtner HO (2006), Seite 8.

[3] Blecker J (2010), Seite 138.

[4] https://www.pmel.noaa.gov/co2/story/Papa. Letzter Zugriff am 20. August 2017.

Albright R, Mason B, Miller M, Langdon C (2010): Ocean acidification comprises recruitment success of the threatend Caribbean coral Acropora palmata. Proceedings of the National Academy of Sciences USA 107, 20400–20404.

Blankespoor B, Dasgupta S, Lange GM (2017): Mangroves as a protection from storm surges in a changing climate. Ambio 46, 478–491.

Blecker J (2010): Chemie für jedermann. Compact Verlag, München.

Bruno JF, Valdivia A (2016): Coral reef degradation is not correlated with local human population density. Scientific Reports 6, 29778. DOI: 10.1038/srep29778

Communications and Media Relations (2014a): Fact Sheet: Die Folgen des Klimawandels für das Leben im Südpolarmeer. Communications and Media Relations, Bremerhaven, Alfred Wegener Institute Helmholtz Centre for Polar and Marine Research, 12 p. URL: http://epic.awi.de/35189/. Letzter Zugriff am 20. August 2017.

Communications and Media Relations (2014b): Fact Sheet: Die Folgen des Klimawandels für das Leben in der Nordsee. Communications and Media Relations, Bremerhaven, Alfred Wegener Institute Helmholtz Centre for Polar and Marine Research, 12 p. URL: http://epic.awi.de/36002/. Letzter Zugriff am 20. August 2017.

Frieler K, Meinshausen M, Golly A, Mengel M, Lebek K, Donner SD, Hoegh-Guldberg O (2013): Limiting global warming to 2° C is unlikely to save most coral reefs. Nature Climate Change 3, 165–170.

Hempel G, Bischof K, Hagen W, Hrsg. (2017): Faszination Meeresforschung. Ein ökologisches Lesebuch. Springer-Verlag, Berlin.

Laffoley, D.d'A, Baxter JM, eds): (2012): Ocean acidification: The knowledge base 2012. Updating what we know about ocean acidification and key global challenges. European Project on Ocean Acidification (EPOCA), UK Ocean Acidification Research Programme, (UKOA), Biological Impacts of Ocean Acidification (BIOACID): and Mediterranean Sea Acidification in a Changing Climate (MedSeA). URL: www.epoca-project.eu/index.php/Outreach/RUG/. Letzter Zugriff am 20. August 2017.

Offenberger M (2014): Symbiose. Warum Bündnisse fürs Leben in der Natur so erfolgreich sind. Deutscher Taschenbuch Verlag, München.

Orr JC, Fabry VJ, Aumont O et al. (2005): Anthropogenic ocean acidification over the twenty-first century and its impact on calcifying organisms. Nature 437, 681–686.

Pörtner HO (2006): Auswirkungen von Temperaturerhöhung und CO_2-Eintrag auf die marine Biosphäre. Externe Expertise für das WBGU-Sondergutachten „Die Zukunft der Meere – zu warm, zu hoch, zu sauer". Bremerhaven, Berlin. URL: http://www.wbgu.de/wbgu_sn2006_ex04.pdf. Letzter Zugriff am 20. August 2017.

Silverman J, Lazar B, Cao L, Caldeira K, Erez J (2009): Coral reefs may start dissolving when atmospheric CO_2 doubles. Geophysical Research Letters 36, L05606. DOI: 10.1029/2008GL036282

Schumacher H, Loch K, Loch W, See WR (2005): Das Erbleichen der Korallen. Biologie in unserer Zeit 3, 186–191.

Kapitel 10

[1] Frederiksen et al. (2007), Seite 141.

Beierkuhnlein C, Jentsch A, Reineking B et al., Hrsg. (2014): Auswirkungen des Klimawandels auf Fauna, Flora und Lebensräume sowie Anpassungsstrategien des Naturschutzes. Naturschutz und Biologische Vielfalt, Heft 137. Bundesamt für Natuschutz, Bonn.

Berthold P (1998): Vogelwelt und Klima: gegenwärtige Veränderungen. Naturwissenschaftliche Rundschau 51, 337–346.

Berthold P (2015): Bienenfresser in Island, Silberreiher in Sibirien. Wie Vögel weltweit auf den Klimawandel reagieren. In: Marotzke J, Stratmann M (Hrsg.): Die Zukunft des Klimas. Neue Erkenntnisse, neue Herausforderungen. Ein Report der Max-Planck-Gesellschaft, Seiten 23–34.

Deutscher Wetterdienst (2017): Phänologie. URL: https://www.dwd.de/DE/klimaumwelt/klimaueberwachung/phaenologie/phaenologie_node.html. Letzter Zugriff am 20. August 2017.

Frederiksen M, Edwards M, Mavor R, Wanless S (2007): Regional and annual variation in black-legged kittiwake breeding productivity is related to sea surface temperature. Marine Ecology Progress Series 350, 137–143.

GLORIA (2017): Global Observation Research Initiative in Alpine Environments. URL: http://www.gloria.ac.at. Letzter Zugriff am 20. August 2017.

Hannah L, Hrsg. (2012): Saving a Million Species. Extinction Risk from Climate Change. Island Press, Washington.

Korn H, Stadler J, Bonn A et al., Hrsg. (2014): Proceedings of the European Conference »Climate Change and Nature Conservation in Europe – an ecological, policy and economic perspective«. BfN-Skripten 367, Bundesamt für Naturschutz, Bonn.

Marion R, Benhammou F (2016): Hat der Eisbär eine Zukunft? Spektrum der Wissenschaft Juli 2016, 30–35.

Pauli H, Gottfried M, Dullinger S et al. (2012): Recent plant diversity changes on Europe's mountain summits. Science 336, 353–355.

Pounds JA, Bustamante MR, Coloma LA et al. (2006): Widespread amphibian extinctions from epidemic disease driven by global warming. Nature 439, 161–167.

Schaber J, Badeck F (2005): Plant phenology in Germany over the 20th century. Regional Environmental Change 5, 37–46.

Thomas CD, Cameron A, Green RE et al. (2004): Extinction risk from climate change. Nature 427, 145–178.

Urban MC (2015): Accelerating extinction risk from climate change. Science 348, 571–573.

Walther G, Beißner S, Burga CA (2005): Trends in the upward shift of alpine plants. Journal of Vegetation Science 16, 541–548.

Kapitel 11

[1] WHO (2009), Seite 24. Übersetzung des Autors.

[2] WHO (2017): Malaria. URL: http://www.who.int/malaria/en/. Letzter Zugriff am 20. August 2017.

[3] Ebert und Fleischer (2005), Seite 61.

Alfred-Wegener-Institut (2017): Fact Sheet: Die Folgen des Klimawandels für das Leben in der Nordsee. URL: http://www.eskp.de/fileadmin/eskp/publikationen/klimawandel/AWI_FactSheet_Nordsee.pdf. Letzter Zugriff am 20. August 2017.

Bassetti S (2009): „Neue" Infektionskrankheiten in der Schweiz durch den Klimawandel? Schweizerisches Medizinisches Forum 9, 905–910.

Desai S, van Treeck U, Lierz M et al. (2009): Resurgence of field fever in a temperate country: an epidemic of Leptospirosis among seasonal starwberry harvesters in Germany in 2007. Clinical Infectious Diseases 48, 691–697.

Ebert B, Fleischer B (2005): Globale Erwärmung und Ausbreitung von Infektionskrankheiten. Bundesgesundheitsblatt 48, 55–62.

European Environment and Epidemiology Network (2017): E3 Geoportal. URL: https://e3geoportal.ecdc.europa.eu/SitePages/Home.aspx. Letzter Zugriff am 20. August 2017.

Ivanescu L, Bodale I, Florescu S, Roman C, Acatrinei D, Miron L (2016): Climate change is increasing the risk of the reemergence of malaria in Romania. BioMed Research International. URL: http://dx.doi.org/10.1155/2016/8560519. Letzter Zugriff am 20. August 2017.

Jones KE, Patel NG, Levy MA, Storeygard A, Balk D, Gittleman JL, Daszak P (2008): Global trends in emerging infectious diseases. Nature 451, 990–993.

van Lieshout M, Kovats RS, Livermore MTJ, Martens P (2004): Climate change and malaria: analysis of the SRES climate and socio-economic scenarios. Global Environmental Change 14, 87–99.

Lindgren E, Andersson Y, Suk JE, Sudre B, Semenza JC (212): Monitoring EU emerging infectious disease risk due to climate change. Science 336, 418–419.

Meyer R (2000): Gefahren durch neue und alte Krankheitserreger. Deutsches Ärzteblatt 97, Heft 25 vom 23. Juni 2000.

Pluskota B, Storch V, Braunbeck T, Beck M, Becker N (2008): First record of Stegomyia albopicta (Skuse): (Diptera: Cuculidae): in Germany. European Mosquito Bulletin 26, 1–5.

Rizzoli A, Hauffe HC, Tagliapietra V, Neteler M, Rosà R (2009): Forest structure and roe deer abundance predict tick-borne encephalitis risk in Italy. PLoS ONE 4(2): e4336. doi:10.1371/journal.pone.0004336

Robert-Koch-Institut (2008): Die Rückkehr des Feldfiebers in Deutschland: Leptospira-Grippotyphosa-Ausbruch unter Erdbeerpflückern. Epidemiologisches Bulletin 14. März 2008 / Nr. 11.

Stark K, Niedrig M, Biederbick W, Merkert H, Hacker J (2009): Die Auswirkungen des Klimawandels. Welche neuen Infektionskrankheiten und gesundheitlichen Probleme sind zu erwarten? Bundesgesundheitsblatt 52, 699–714.

WHO (2009): Global Health Risks. Mortality and burden of disease attributable to selected major risks. World Health Organization, Genf.

Yamana TK, Bomblies A, Eltahir EAB (2016): Climate change unlikely to increase malaria burden in West Africa. Nature Climate Change 6, 1009–1013.

Kapitel 12

[1] Deutscher Bundestag (2008), Seite 9.

[2] IPCC (2005), Seite 3.

[3] Deutscher Bundestag (2008), Seite 6.

Deutscher Bundestag (2008): CO_2-Abscheidung und -Lagerung bei Kraftwerken. Bericht des Ausschusses für Bildung, Forschung und Technikfolgenabschätzung. Deutscher Bundestag, Drucksache 16/9896, 1. Juli 2008.

Eliasson B, Herzog H, Kaarstad O (2000): Die Entsorgung von Treibhausgasen. Spektrum der Wissenschaft 5, 48–51. URL: http://www.spektrum.de/magazin/die-entsorgung-von-treibhausgasen/826395. Letzter Zugriff am 20. August 2017.

GeoNet (2017): Geologische CO_2-Speicherung – was ist das eigentlich? Europäisches Exzellenznetzwerk CO_2GeoNet. URL: http://www.co2geonet.eu. Letzter Zugriff am 20. August 2017.

Hendriks C, Graus W, van Bergen F (2004): Global carbon dioxide storage potential and costs. Ecofys, Utrecht. URL: http://www.ecofys.com/files/files/ecofys_2004_globalcarbondioxidestorage.pdf. Letzter Zugriff am 20. August 2017.

IPCC (2005): IPCC Special Report on Carbon Dioxide Capture and Storage. Prepared by Working Group III of the Intergovernmental Panel on Climate Change (Metz B, Davidson O, de Coninck HC, Loos M, Meyer LA, Hrsg.). Cambridge University Press, Cambridge, UK, und New York, USA.

Socolow RH (2006): Können wir das Klimaproblem begraben? Spektrum der Wissenschaft März 2006, Seiten 72–79.

WWF (2007): Dirty Thirty. Ranking of the most polluting power stations in Europe. WWF European Policy Office, Brussels.

Kapitel 13

[1] Aitken SN, Bemmels JB (2016), Seite 281. Übersetzung des Autors.

[2] BfN (2014), Seite 6.

[3] Strategie für das Wattenmeer 2100. Ministerium für Energiewende, Landwirtschaft, Umwelt und ländliche Räume des Landes Schleswig-Holstein, Kiel. URL: http://www.schleswig-holstein.de/DE/Landesregierung/V/_startseite/Artikel/150630_wattenmeer2100.html. Letzter Zugriff am 20. August 2017.

[4] Gregor Mendel Stiftung (2008), Seite 8.

Aitken SN, Bemmels JB (2016): Time to get moving: assisted gene flow of forest trees. Evolutionary Applications 9, 271–290.

BfN (2014): Naturbasierte Ansätze für Klimaschutz und Anpassung an den Klimawandel. Bundesamt für Naturschutz, Bonn.

Gregor Mendel Stiftung (2008): Mendel-Kolloquium. Klimawandel – Herausforderung für die Pflanzenzüchtung. Gregor Mendel Stiftung, Bonn.

Howard J, Sutton-Grier A, Herr D, et al. (2017): Clarifying the role of coastal and marine systems in climate mitigation. Frontiers in Ecology 15, 42–50.

IRRI (2017): International Rice Research Institute. Tackling climate change. URL: http://irri.org/our-impact/tackling-climate-change. Letzter Zugriff am 20. August 2017.

IUCN (2017): Mangroves and marshes key in the climate change battle. International Union for the Conservation of Nature. URL: https://www.iucn.org/news/secretariat/201702/mangroves-and-marshes-key-climate-change-battle. Letzter Zugriff am 20. August 2017.

KWS (2017): KWS Saat SE. Forschung und Züchtung. URL: https://www.kws.de/aw/Forschung-und-Zuechtung/Kontext/Landwirtschaft-und-Klimawandel/~eqcg/. Letzter Zugriff am 20. August 2017.

Powell, N, Osbeck M, Tan SB, Toan VC (2017): World Resources Report Case Study. Mangrove Restoration and Rehabilitation for Climate Change Adaptation in Vietnam. World Resources Report, Washington DC. URL: http://www.worldresourcesreport.org. Letzter Zugriff am 20. August 2017.

Rosner H (2015): Dem Wandel gewachsen. Spektrum der Wissenschaften Dezember 2015, 75–79.

van Oppen MJH, Oliver JK et al. (2015): Building coral reef resilience through assisted evolution. Proceedings of the National Academy of Sciences USA 112, 2307–2313.

Viering K (2013): Vielfalt statt Fichten. Spektrum der Wissenschaft Februar 2013, 19–21.

World Bank (1988): Bangladesh – Mangrove Afforestation Project. World Bank, Washington, DC. URL: http://documents.worldbank.org/curated/en/697861468913814825/Bangladesh-Mangrove-Afforestation-Project. Letzter Zugriff am 20. August 2017.

Kapitel 14

[1] BMUB (2017), Seite 6.

[2] BMUB (2017), Seite 7.

[3] Rahmstorf S (2017).

[4] Sachs W (2017).

[5] http://deepgreen-development.com/woodcube-hamburg/. Letzter Zugriff am 20. August 2017.

[6] Figueres C (2017), Seite 593. Übersetzung des Autors.

BMUB (2017): Klimaschutzplan 2050. Klimapolitische Grundsätze und Ziele der Bundesregierung. Bundesministerium für Umwelt, Naturschutz, Bau und Reaktorsicherheit (BMUB), Berlin. URL: http://www.bmub.bund.de/themen/klima-energie/klimaschutz/. Letzter Zugriff am 20. August 2017.

Eschment J (2014): Der Rebound-Effekt: Störendes Phänomen bei der Steigerung der Energieeffizienz. Deutscher Bundestag, Wissenschaftliche Dienste, Nr. 16/14.

Figueres C (2017): Three years to safeguard our climate. Nature 546, 593–595.

Jäger J (2007): Was verträgt unsere Erde noch? Wege in die Nachhaltigkeit. Fischer Taschenbuch Verlag, Frankfurt am Main.

Linz M (2012): Weder Mangel noch Übermaß. Warum Suffizienz unentbehrlich ist. oekom Verlag, München.

Linz M (2017): Wie Suffizienzpolitiken gelingen. Eine Handreichung. Wuppertal Institut für Klima, Umwelt, Energie gGmbH, Wuppertal.

Minge (2017): Suffizienz, Konsistenz und Effizienz. Nachhaltigkeit ist nur im Zusammenspiel dieser drei Prinzipien zu erreichen. relaiotopics. URL: http://beta.relaio.de/topics/artikeluebersicht/suffizienz-konsistenz-effizienz.html. Letzter Zugriff am 20. August 2017.

Rahmstorf S (2017): Können wir die globale Erwärmung rechtzeitig stoppen? URL: http://scilogs.spektrum.de/klimalounge/koennen-wir-die-globale-erwaermung-rechtzeitig-stoppen. Letzter Zugriff am 20. August 2017.

Rockström J, Gaffney O, Rogelj J, Meinshausen M, Nakicenovic N, Schellnhuber HJ (2017): A roadmap for rapid decarbonization. Science 355, 1269–1271.

Sachs W (1993): Die vier E's. Merkposten für einen maß-vollen Wirtschaftsstil. Politische Ökologie 33, 69–72. URL: http://dilettanti.eu/wp-content/uploads/2014/02/Die-4-Es.pdf. Letzter Zugriff am 20. August 2017.

Santarius T (2012): Der Rebound-Effekt. Über die unerwünschten Folgen der erwünschten Energieeffizienz. Wuppertal-Institut für Klima, Umwelt, Energie, Wuppertal. URL: www.santarius.de/wp-content/uploads/2012/03/Der-Rebound-Effekt-2012.pdf. Letzter Zugriff am 20. August 2017.

WCED (1987): Our Common Future. United Nations Environment Programme. URL: www.un-documents.net/our-common-future.pdf. Letzter Zugriff am 20. August 2017.

REGISTER

ABBILDUNGSNACHWEIS

Fotolia

12 nikkytok | 15 rob_st | 22 Sergii Figurnyi | 42 ThomBal | 72 gi0572 | 82 Luis Vilanova 109 Siegfried Schnepf | 112 Jag_cz | 132 Bernd Wolter | 147 fotomarekka | 152 stefanbi 1974 | 166 hufnasi | 182 Michael Flippo

Shutterstock

28 Fabian Plock | 85 MNstudio| 92 Ashley Adamczak | 136 BMJ | 137 Vladislav T. Jirousek

120 N. Bednarsek